髙髙 BOOKS

鬼谷子 六韬

〔西周〕姜子牙
〔春秋〕鬼谷子 著

若水古社 译注

图书在版编目（CIP）数据

六韬 /（西周）姜子牙著；若水古社译注. 鬼谷子 /（春秋）鬼谷子著；若水古社译注. -- 成都：成都时代出版社，2025.3

ISBN 978-7-5464-3321-9

Ⅰ. ①六… ②鬼… Ⅱ. ①姜… ②鬼… ③若… Ⅲ. ①《六韬》②《鬼谷子》 Ⅳ. ①E892②B228

中国国家版本馆CIP数据核字(2023)第224053号

六韬·鬼谷子
LIUTAO GUIGUZI

〔西周〕姜子牙 〔春秋〕鬼谷子 / 著　若水古社 / 译注

出 品 人	钟　江
责任编辑	李　佳
责任校对	张　巧
责任印制	江　黎　曾译乐
封面设计	高高 BOOKS
装帧设计	高高 BOOKS

出版发行	成都时代出版社
电　　话	（028）86742352（编辑部）
	（028）86623285（图书发行）
印　　刷	文畅阁印刷有限公司
规　　格	146mm×210mm
印　　张	9
字　　数	210千
版　　次	2025年3月第1版
印　　次	2025年3月第1次印刷
书　　号	ISBN 978-7-5464-3321-9
定　　价	49.80元

著作权所有·违者必究

本书若出现印装质量问题，请与工厂联系。电话：13701230429

前 言

有着五千年文明的中华民族,为我们留下了太多丰富的文化遗产,历代的兵法论著即为一例。这些凝聚前人智慧,在今天看来依然充满思辨哲理的兵书,向来为兵家所重,尤其是那些五花八门的战术着实令人叹为观止,拍案称奇。

在古代的诸多兵书中,最广为人知的,当然要算春秋时期由孙武所著的《孙子兵法》,但要说到最早出名和最实用的兵书,则非《六韬》莫属。《六韬》又称《太公六韬》《太公兵法》,是一部集先秦军事思想之大成的著作。全书分为文韬、武韬、龙韬、虎韬、豹韬、犬韬六卷,主要通过文王、武王与太公的对话,论述治国、治军和作战的理论、原则,对后代的军事思想产生了巨大的影响。

一直以来,《六韬》都被誉为兵家圣典,被收录于《武经七书》。司马迁在《史记·齐太公世家》中称:"后世之言兵及周之阴权,皆宗太公为本谋。"到北宋神宗元丰年间（1078—1085）,《武经七书》被颁为武学经书。到16世纪,《六韬》传入日本,开始走出国门,并于18世纪传到欧洲。如今,这本书已经被翻译成日、法、朝、越、英、俄等多国文字。

《六韬》旧题为西周的姜子牙所撰,但真实作者已不可考,一般认为成书于战国时期。关于此书在早期的流传,司马迁在《史记·留侯世家》中记载了这样一个故事:

> 留侯张良者,其先韩人也。良尝从容步游下邳圯上,有一老父,衣褐,至良所,直堕其履圯下,顾谓良曰:"孺子,下取履!"良愕然,欲殴之,为其老,强忍,下取履。父曰:"履我!"良业为取履,因长跪履之。父以足受,笑而去。良殊大惊,随目之。父去里所,复还,曰:"孺子可教矣。后五日平明,与我会此。"良因怪之,跪曰:"诺。"五日平明,良往。父已先在,怒曰:"与老人期,后,何也?"去,曰:"后五日早会。"五日鸡鸣,良往。父又先在,复怒曰:"后,何也?"去,曰:"后五日复早来。"五日,良夜未半往。有顷,父亦来,喜曰:"当如是。"出一编书,曰:"读此则为王者师矣。后十年兴,十三年孺子见我济北,谷城山下黄石即我矣。"遂去,无他言,不复见。旦日视其书,乃《太公兵法》也。良因异之,常习诵读之。

从这个故事中我们不难看出，张良就是因为从黄石公那里得到了《太公兵法》，并熟练掌握其中所论述的策略，才得以成为刘邦最重要的谋臣，为大汉王朝的建立立下了卓著的功勋，真正做到了如黄石公所说的"读此则为王者师矣"。

《六韬》不仅仅包含兵法，而且囊括了治国、治军、安民、御敌、立国等文韬武略。同时，这本书还具有朴素的辩证法思想，其中的许多军事理论，也是建立在这一思想基础之上的，比如"夫存者非存，在于虑亡；乐者非乐，在于虑殃"，"大智不智，大谋不谋，大勇不勇，大利不利"，"太强必折，太张必缺"，"无取于民者，取民者也"，等等。总之，这是一部集政治智慧、战略思维、人生智慧、管理艺术、修身养性于一体的千古奇书。通过学习和运用这些价值，现代人可以更好地应对社会的挑战，实现个人和事业的成功。

《鬼谷子》，又称《捭阖策》，一般认为由春秋时期著名的思想家、谋略家、兵家、教育家鬼谷子先生所著，其内容涉及政治、军事、外交、谈判等诸多领域，而且对每个领域的探讨和论述都较为深入，具参考意义。

鬼谷子，失其名，或以为楚人，因隐居于颖川城之鬼谷，故自称"鬼谷先生"。

鬼谷子是纵横家的鼻祖，也是中国历史上一位极具神秘色彩的人物，被誉为千古奇人。他通天彻地，而且兼顾数家学问。在玄学方面，他善于预测，而且精确；在兵学方面，他善于排兵布阵；在纵横方面，他明理审势，出口成章，万人难当；在养生方面，他注重修身养性，祛病延寿。

民间盛传鬼谷子有四大弟子，分别是苏秦、张仪、孙膑、庞涓。司马迁在《史记·张仪列传》开篇就说"张仪者，魏人也。始尝与苏秦俱事鬼谷先生学术"，坐实了二人鬼谷子弟子的身份。但孙膑和庞涓师从何人，司马迁却语焉不详，只说"孙膑尝与庞涓俱学兵法"（《史记·孙子吴起列传》）。但后世学者多将二人归于鬼谷子门下。比如明代冯梦龙《东周列国志》第八十七回："他住鬼谷，也不计年数，弟子就学者不知多少，先生来者不拒，去者不追。就中单说同时几个有名的弟子：齐人孙膑、魏人庞涓、张仪，洛阳人苏秦。"

苏秦和张仪，是战国政坛上最为耀眼的两颗明星，同时又是最为出色的两大外交家。苏秦身配六国相印，到处游说，联合六国共抗强秦，在世界史上可谓前无古人，后无来者；张仪则凭借着高超的智谋和辩术成为秦国的宰相，并最终瓦解了苏秦生前所建立起来的六国合纵战略，使秦国最终统一了天下。

相比于纵横在政坛上的苏秦和张仪，孙膑与庞涓也毫不逊色，因为他俩后来都成了战国时期的大军事家。历史上著名的"围魏救赵"，讲的就是这对师兄弟的故事。尤其是孙膑，不但在战场上叱咤风云、扭转乾坤、名扬天下，而且在军事理论研究方面也有自己的独到见解，写出了流芳百世的《孙膑兵法》，在历史上久负盛名，与"兵圣"孙武的《孙子兵法》并称"孙子",至今犹以"兵圣两孙子"的美称载誉中外。

能够培养出苏秦、张仪、孙膑、庞涓这样杰出的学生,可见鬼谷子的本领是多么高了。鬼谷子的教育风格,与那些照本宣科的教师不同,他是自己亲自编写教材。这些教材的内容就是后来流传下来的《鬼谷子》和《本经阴符七术》。《鬼谷子》主要侧重于权谋策略及言谈辩论技巧,《本经阴符七术》则讲养神蓄锐之道。《鬼谷子》共有十四篇,其中第十三、十四篇已失传。《本经阴符七术》的前三篇主要阐述如何充实意志,涵养精神;后四篇则讨论如何将内在的精神运用于外,以及如何运用内在的心智去处理外在的事务。

总之,在《鬼谷子》一书中,既有政治家的胸襟、谋略,又有外交家的纵横、雄辩,更兼心理学家对人性的精准把握,对于今天的我们来说,这些智慧仍然具有积极的借鉴作用。

目 录

六 韬

卷一 文韬

文　师 ………………………………………… 3
盈　虚 ………………………………………… 9
国　务 ………………………………………… 13
大　礼 ………………………………………… 16
明　传 ………………………………………… 19
六　守 ………………………………………… 21
守　土 ………………………………………… 24
守　国 ………………………………………… 27
上　贤 ………………………………………… 30
举　贤 ………………………………………… 35
赏　罚 ………………………………………… 37
兵　道 ………………………………………… 38

卷二　武韬

发　启 ……………………………………… 41
文　启 ……………………………………… 46
文　伐 ……………………………………… 49
顺　启 ……………………………………… 54
三　疑 ……………………………………… 56

卷三　龙韬

王　翼 ……………………………………… 59
论　将 ……………………………………… 64
选　将 ……………………………………… 67
立　将 ……………………………………… 70
将　威 ……………………………………… 74
励　军 ……………………………………… 76
阴　符 ……………………………………… 78
阴　书 ……………………………………… 80
军　势 ……………………………………… 82
奇　兵 ……………………………………… 86
五　音 ……………………………………… 90
兵　征 ……………………………………… 94
农　器 ……………………………………… 97

卷四 虎韬

军　用	100
三　陈	110
疾　战	112
必　出	114
军　略	118
临　境	121
动　静	123
金　鼓	126
绝　道	129
略　地	132
火　战	135
垒　虚	137

卷五 豹韬

林　战	139
突　战	141
敌　强	144
敌　武	146
鸟云山兵	148
鸟云泽兵	150

少　众 ································· 153
分　险 ································· 155

卷六　犬韬

分　合 ································· 157
武　锋 ································· 160
练　士 ································· 162
教　战 ································· 165
均　兵 ································· 167
武车士 ································· 171
武骑士 ································· 172
战　车 ································· 173
战　骑 ································· 177
战　步 ································· 181

鬼谷子

上卷

- 捭阖 ········· 187
- 反应 ········· 195
- 内揵 ········· 201
- 抵巇 ········· 207

中卷

- 飞箝 ········· 211
- 忤合 ········· 216
- 揣 ········· 220
- 摩 ········· 224
- 权 ········· 229
- 谋 ········· 235
- 决 ········· 242
- 符言 ········· 245

下卷

- 本经阴符七术 ········· 251
- 持枢 ········· 264
- 中经 ········· 265

六 韬

卷一 文韬

文 师

【原文】

文王①将田②,史编布卜③曰:"田于渭阳④,将大得焉。非龙、非彲⑤、非虎、非羆⑥,兆⑦得公侯⑧,天遗汝师,以之佐昌,施及三王。"

文王曰:"兆致是乎?"

史编曰:"编之太祖史畴为禹⑨占,得皋陶⑩,兆比于此。"

文王乃斋三日,乘田车,驾田马,田于渭阳。卒见太公,坐茅以渔。

文王劳而问之曰:"子乐渔耶?"

太公曰:"臣闻君子乐得其志,小人乐得其事。今吾渔,甚有似也,殆非乐之也。"

文王曰:"何谓其有似也?"

太公曰:"钓有三权⑪:禄等以权,死等以权,官等以权。夫钓以求得也,其情深,可以观大矣。"

文王曰:"愿闻其情。"

太公曰:"源深而水流,水流而鱼生之,情也;根深而木长,木长而实生之,情也;君子情同而亲合,亲合而事生之,情也。言语应对者,情之饰也;言至情者,事之极也。今臣言至情不讳,君其恶之乎?"

文王曰:"唯仁人能受直谏,不恶至情,何为其然?"

太公曰:"缗⑫微饵明,小鱼食之;缗调饵香,中鱼食之;缗隆饵丰,大鱼食之。夫鱼食其饵,乃牵于缗;人食其禄,乃服于君。故以饵取鱼,鱼可杀;以禄取人,人可竭;以家取国,国可拔;以国取天下,天下可毕⑬。呜呼!曼曼绵绵⑭,其聚必散;嘿嘿昧昧⑮,其光必远。微哉!圣人之德,诱乎独见。乐哉!圣人之虑,各归其次,而树敛⑯焉。"

文王曰:"树敛若何,而天下归之?"

太公曰:"天下非一人之天下,乃天下之天下也,同天下之利者,则得天下;擅⑰天下之利者,则失天下。天有时,地有财,能与人共之者仁也。仁之所在,天下归之。免人之死,解人之难,救人之患,济人之急者,德也。德之所在,天下归之。与人同忧同乐,同好同恶者,义也。义之所在,天下赴之。凡人恶死而乐生，好德而归利，能生利者，道也。道之所在，天下归之。"

文王再拜曰："允⑬哉，敢不受天之诏命乎！"乃载与俱归，立为师。

【注释】

① 文王：即周文王，姓姬名昌。

② 田：同"畋"，即畋猎、打猎。

③ 史：先秦时的官职名称，主要掌管记事、祭祀、占卜等诸项事务。编：人名。布卜：即占卜。

④ 渭阳：渭水的北岸。渭，渭水。阳，水的北面。

⑤ 螭（chī）：即螭，传说是一种无角的龙。

⑥ 羆（pí）：熊的一种，也叫马熊。

⑦ 兆：预兆，预测。

⑧ 公侯：古代爵位的名称。古代的爵位分为五等，第一等称为"公"，第二等称为"侯"。

⑨ 禹：名文命，号禹，后世尊称大禹，鲧之子，传说是夏后氏部落的首领，以治理洪水而闻名。禹通过禅让制得到帝位。他的儿子启建立了我国历史上第一个王朝——夏朝。

⑩ 皋陶（gāo yáo）：传说为东夷族的领袖，舜帝在位时任主管刑狱的官员，后来又辅佐禹。

⑪ 权：权谋，权术。

⑫ 缗（mín）：钓鱼用的丝线。

⑬ 毕：古代打猎时，用于捕捉猎物的网，这里是取得的意思。

⑭ 曼曼：长久的意思。绵绵：连续不断。

⑮ 嘿嘿：同"默默"，即默默无闻，寂然无声的样子。昧昧：昏暗不明的样子，指周人暗中努力的样子。

⑯ 敛：收敛，收缩。

⑰ 擅：独自占有。

⑱ 允：恰当，得当。

【大意】

周文王准备出去打猎，史官编进行占卜后对他说："您这次应到渭河的北岸去打猎，将会有巨大收获。收获的，不是龙，不是螭，不是虎，也不是熊，而是一位具有公侯之才的人。他是上天赐给您的老师，在他的辅佐下，您的事业将会日渐昌盛，并将惠及您的子孙后代。"

文王问："卦象预示的真是这种结果吗？"

史官编回答说："我的远祖史官畴当年曾为禹占卜过，结果禹得到了皋陶，而那次的卦象正好与今天相似。"

文王于是连着斋戒多日，然后乘着猎车，驾着猎马，来到渭水的北岸打猎，结果见到了太公，当时他正坐在长满茅草的河岸边钓鱼。

文王慰劳他并问道："先生很喜欢钓鱼吗？"

太公答道："我听说君子喜欢的是实现自己的抱负，普通人则以过上好日子为乐。我在这里钓鱼，与这个道理很相似。"

文王问："那么这两者之间有什么相似之处呢？"

太公答道："钓鱼好比三种权谋。用优厚的待遇招徕人才,如同用饵去钓鱼;用重金去收买敢于效死的勇士,也如同用饵去钓鱼;用官位招揽人才,还如同用饵钓鱼。凡是钓鱼,目的都是一样的,那就是为了得到鱼,其中的实情蕴含深意,从中可以推知天下大事大理。"

文王说:"我愿意听您说说这些实情。"

太公说:"水的源头比较深,水流就不息,水流不息,鱼就能生存,这是自然的实情;树的根须比较深,枝叶就会茂盛,枝叶茂盛,就会结出果实,这也是自然的实情;君子性情相投,就能亲密合作,亲密合作,就能使事业获得成功,这还是自然的实情。言语敷衍应对,一般都是用来掩饰实情的,能够说出实情,才真正是把语言发挥到了极致。现在我对您所说的,都是实情,没有任何隐讳,您会不会因此对我产生反感呢?"

文王说:"只有具备仁德品质的人,才能接受别人直率的规谏而不厌恶那些真实的情感。我怎么会对您产生反感呢?"

太公又说:"(还是以钓鱼为例)钓丝很细,只有鱼饵可见,小鱼就会上钩;钓丝粗细适中,鱼饵很香,中等的鱼就会上钩;钓丝粗长,但鱼饵很丰盛,大鱼就会上钩。鱼若贪吃香饵,就会被钓丝给牵住;人若想得到俸禄,就要服从君主。所以,用香饵来钓鱼,鱼便可供人们烹食;用爵禄来网罗人才,人才就全都为我所用;以家为基础而谋取一国,就能将一国据为己有;以国为基础而谋取天下,就可以拥有整个天下。可叹哪!殷朝绵延数代,历史悠久,它所聚积起来的东西,最终也会有烟消云散的时候;而周人不动声色,暗中努力,那么它就有光芒普照四方的时候。微妙啊!圣人的德行,就在于他能够导引着人们领悟其创见。欣慰呀！圣人的所思所想，就是如何使天下人各得其所，从而聚拢人心。"

文王问道："那么该采取什么办法才能使天下归心呢？"

太公回答说："天下不是一个人的天下，而是天下人所共有的天下。能同天下人共同分享天下的利益，就能够取得天下；而要独自占有天下利益的，就会失掉天下。天有四时，地有财富，能和天下人共同享用的，就是仁君。仁君所在之处，天下之人自然就会归附。免除人们的死亡，解决人们的苦难，消除人们的祸患，化解人们的危机，就是恩德。恩德所在，天下之人自然就会归附。与天下人有福同享，有难同当，有共同的好恶，就是有义之君。有义之君所在之处，天下之人就会争相前来归附。世人都厌恶死亡而乐于活着，同时也乐于接受恩德，追求利益。而能够为天下人谋取利益的，就是得道之君。得道之君所在之处，天下之人就会向其归附。"

文王听后，再次拜谢，并说："先生说得真是太好了，我怎么敢不接受上天的旨意呢？"于是，文王把太公请上猎车，一起回到国都，并拜太公为师。

盈 虚

【原文】

文王问太公曰:"天下熙熙①,一盈一虚②,一治一乱,所以然者,何也?其君贤不肖不等乎?其天时③变化自然乎?"

太公曰:"君不肖,则国危而民乱;君贤圣,则国安而民治。祸福在君,不在天时。"

文王曰:"古之贤君,可得闻乎?"

太公曰:"昔者,帝尧④之王天下,上世所谓贤君也。"

文王曰:"其治如何?"

太公曰:"帝尧王天下之时,金银珠玉不饰,锦绣文绮⑤不衣,奇怪珍异不视,玩好⑥之器不宝,淫佚之乐不听,宫垣屋宇不垩⑦,甍桷椽楹⑧不斫⑨,茅茨偏庭不剪。鹿裘御寒,布衣掩形,粝粱⑩之饭,藜藿⑪之羹。不以役作之故,害民耕绩之时。削心约志,从事乎无为⑫。吏忠正奉法者,尊其位;廉洁爱人者,厚其禄;民有孝慈者,爱敬之;尽力农桑者,慰勉之。旌别淑⑬德,表其门闾⑭,平心正节,以法度禁邪伪。所憎者,有功必赏;所爱者,有罪必罚。存养天下鳏寡孤独⑮,赈赡⑯祸亡之家。其自奉也甚薄,其赋役也甚寡。故万民富乐而无饥寒之色,百姓戴其君如日月,亲其君如父母。"

文王曰:"大哉!贤君之德也。"

【注释】

① 熙熙：纷扰杂乱的样子。

② 一盈一虚：即一盛一衰。盈，充满，这里指强盛。虚，空虚，这里指衰弱。

③ 天时：天地自然变化的结果，这里指天命。

④ 尧：即帝尧，传说为上古的贤明君主，也是上古的五帝之一，他在帝位七十年，九十岁时将帝位禅让于舜。

⑤ 锦绣文绮：指做工精细，而且非常华丽的丝织品。

⑥ 玩好：指一些供人赏玩的奢侈品。

⑦ 垩（è）：原指粉刷墙壁的白土，这里指粉刷。

⑧ 甍（méng）：屋脊。桷（jué）：方形的椽子。椽（chuán）：椽子，即放在檩上架着屋顶的木条。楹：厅堂前部的大柱子。

⑨ 斫（zhuó）：砍、削，这里指雕琢。

⑩ 粝（lì）梁：指粗劣的粮食。

⑪ 藜藿（lí huò）：指粗劣的野菜。

⑫ 无为：道家所提倡的一种政治哲学思想。主张为政者应顺应自然、效法天地，但不是什么都不做，而是不要妄为，不要骚扰百姓。

⑬ 淑：善良，美好。

⑭ 闾：指里巷的大门。

⑮ 鳏（guān）寡孤独：指没有劳动力又没有亲属奉养的孤寡之人。

⑯ 赈赡：赈济赡养。

【大意】

文王问太公说:"天下熙熙攘攘,纷繁杂乱,有时很强盛,有时又很衰弱;有时安定祥和,有时混乱不堪,为什么会这样呢?是因为君主的贤与不贤所致吗?还是因为天命变化的结果呢?"

太公回答说:"君主不贤明,则国家危亡,民众变乱;君主贤明,则国家安定,民众顺服。所以,国家的祸福在于君主的贤与不贤,跟天命没有什么关系。"

文王问道:"古时那些圣贤君主的事迹,您可以讲给我听听吗?"

太公回答说:"从前帝尧治理天下时,人们都称他为贤君。"

文王问道:"他是如何治理国家的呢?"

太公回答说:"当年帝尧治理天下时,从来都不用金银珠宝作为装饰品,不穿光鲜华丽的衣服,不好珍贵奇异的东西,不迷恋古玩宝器,不听放荡的音乐,不粉饰宫廷墙垣,不雕饰屋脊橡柱,庭院中的杂草也不修剪。以鹿皮御寒,用粗布蔽体,吃的是粗粮饭,喝的是野菜汤。从来不会因为征发劳役而耽误百姓耕织。控制自己的欲望,抑制自己的贪念,用清净无为的观念来治理国家。官吏中,只要有忠正守法的,就擢升他的职位;廉洁爱民的,就增加他的俸禄,民众中,只要有尊老爱幼的,都给予敬重;对于尽力发展农桑的,则给予慰勉。他善于辨别善恶良莠,对善良的人家进行表彰,提倡心志公平,端正品德,并用法律来制止邪恶诈伪。即使是自己所厌恶的人,只要有功劳,就给予奖赏;即使是自己所喜爱的人,只要犯法，也必定进行惩罚。同时，对那些没有劳动力又没有亲属奉养的孤寡之人进行赡养，并赈济遭遇灾祸的人家。帝尧自己的生活状况，则是十分俭朴，向百姓征收赋税劳役也十分微薄。总之，在他治理天下期间，百姓富足安乐，脸上没有任何饥寒之色。所以，百姓拥戴他如同敬仰日月，亲近他如同亲近自己的父母。"

　　文王说："真是伟大啊！帝尧这位贤君的德行真是太了不起了。"

国 务

【原文】

文王问太公曰:"愿闻为①国之大务②。欲使主尊人安,为之奈何?"

太公曰:"爱民而已。"

文王曰:"爱民奈何?"

太公曰:"利而无害,成而勿败,生而勿杀,与而勿夺,乐而勿苦,喜而勿怒。"

文王曰:"敢请释其故。"

太公曰:"民不失务则利之,农不失时则成之,省刑罚则生之,薄赋敛③则与之,俭宫室台榭④则乐之,吏清不苛扰则喜之。民失其务则害之,农失其时则败之,无罪而罚则杀之,重赋敛则夺之,多营宫室台榭以疲民力则苦之,吏浊苛扰则怒之。故善为国者,驭⑤民如父母之爱子,如兄之爱弟,见其饥寒则为之忧,见其劳苦则为之悲,赏罚如加于身,赋敛如取己物。此爱民之道也。"

【注释】

① 为(wéi):治理。

② 务:事务,要务。

③ 赋敛:税收,赋税。

④ 台榭：积土高而为"台"，台上筑屋为"榭"。泛指楼台亭阁。

⑤ 驭：控制，统治。

【大意】

文王问太公道："我想知道治国的根本要务。要想使君主受到尊崇，使人民得到安宁，应该怎么做呢？"

太公回答道："只要爱民就可以了。"

文王问道："那应该怎样去爱民呢？"

太公回答说："要给予人民利益，而不损害他们的利益；帮助人民从事生产活动，而不耽误他们的农时；保护人民生命，而不滥杀无辜；给予人民实惠，而不掠夺侵占他们的财物；使人民安乐，而不要让他们感到痛苦；让人民感到喜悦，而不要激起他们愤怒。"

文王说："请您再解释一下其中的道理。"

太公说："百姓不失业，就会得到利益；不耽误农时，就是成全了他们的发展；减少刑罚，就是保护了人民的生存；少征收赋税，就是给予人民实惠；少修建宫室台榭，就会使人民安乐；官吏清廉，不苛扰盘剥，就会让人民喜悦。相反，如果使人民失业，就损害了他们的利益；耽误农时，就是破坏他们的生产；人民无罪而胡乱惩罚，就是杀害无辜；横征暴敛，就是对人民进行掠夺；大兴土木，修建宫室台榭，劳民伤财，就会增加人民的痛苦；官吏贪污腐败，苛刻盘剥，就会激起人民的愤怒。所以，善于治国的君主，统治人民就像父母爱护自己的子女，兄长爱护自己的弟、妹一样。看到他们饥饿和寒冷，就为他们感到忧虑;看到他们疲劳艰苦,就为他们感到悲痛。对他们施行赏罚,就像自己身受赏罚;向他们征收赋税,就如同夺取自己的财物。这些就是爱民的方法了。"

大 礼

【原文】

文王问太公曰:"君臣之礼如何?"

太公曰:"为上唯临①,为下唯沉②。临而无远③,沉而无隐④。为上唯周⑤,为下唯定⑥。周,则⑦天也,定,则地也。或天或地,大礼乃成。"

文王曰:"主位如何?"

太公曰:"安徐而静,柔节先定。善与而不争,虚心平志,待物以正。"

文王曰:"主听如何?"

太公曰:"勿妄而许,勿逆而拒。许之则失守⑧,拒之则闭塞。高山仰止,不可极也;深渊度之,不可测也。神明之德,正静其极。"

文王曰:"主明如何?"

太公曰:"目贵明,耳贵聪,心贵智。以天下之目视,则无不见也;以天下之耳听,则无不闻也;以天下之心虑,则无不知也。辐辏⑨并进,则明不蔽矣。"

【注释】

① 临:居高临下,这里是体察下情之意。
② 沉:陷入,入迷,这指臣民潜心国事。

③ 远：指疏远百姓。
④ 隐：隐藏，隐瞒，这里指隐瞒不报，欺骗君上。
⑤ 周：周全，这里指君主治理国家思虑周全。
⑥ 定：安定，这里指臣民安分守己。
⑦ 则：效法。
⑧ 失守：丧失主见。
⑨ 辐辏：指车轮的辐条集中于毂上，形容臣民的意见像车轮的辐条集中于毂上一样汇集到君主那里。

【大意】

文王问太公道："君主和臣民之间的礼法应该是怎样的？"

太公回答说："作为君主最重要的是体察下情，作为臣民最重要的是潜心国事；体察下情在于不疏远臣民，臣民对君主则不应有所隐瞒；做君主要思虑周密，作为臣民则应安分守己。君主思虑周密，就能像上天那样施恩万物；臣民安分守己，就能像大地那样稳重厚实。君主效法天，臣民效法地，这样，君主和臣民之间的礼法就算是圆满了。"

文王问道："身居君主之位，怎样才能做得更好呢？"

太公答道："作为君主，在治理国家时，应该安详稳重，以清静为主，柔和有节而胸有成竹，善于施恩而不与民争利，虚心静气而公道无私，处理事务时公平公正。"

文王问："作为君主，应该如何倾听臣民的意见呢？"

太公答道："对于臣民的意见，不要轻率地接受，也不要粗暴地拒绝。轻率接受就容易丧失自己的主见，粗暴拒绝就会导致言路闭塞。作为君主，既要有高山那样的气度，这样就会使天下臣民仰慕不已；也要有大海那样的度量，使臣民莫测其深。神圣英明的君主之德，就是把清静公正做到极致。"

文王问："作为君主，应该怎样做才能洞察一切呢？"

太公答道："人的眼睛贵在明察秋毫，耳朵贵在听取各种意见，头脑贵在周密地思考。作为君主，如果能够依靠天下人的眼睛去明察事物，就没有什么是看不见的；如果能够利用天下人的耳朵去倾听各种意见，就没有什么是听不到的；如果能凭借天下人的头脑去思考，就没有什么是不知道的。四面八方的情况，就像车轮的辐条集中于车毂一样，都汇集到君主那里，这样君主自然就能够洞察一切，不会受到任何蒙蔽了。"

明 传

【原文】

文王寝疾①,召太公望,太子发②在侧。曰:"呜呼!天将弃予,周之社稷将以属汝。今予欲师至道之言,以明传之子孙。"

太公曰:"王何所问?"

文王曰:"先圣之道,其所止,其所起,可得闻乎?"

太公曰:"见善而怠,时至而疑,知非而处,此三者道之所止也。柔而静,恭而敬,强而弱,忍而刚,此四者道之所起也。故义胜③欲则昌,欲胜义则亡;敬④胜怠⑤则吉,怠胜敬则灭。"

【注释】

① 寝疾:卧病在床。

② 发:指周文王的次子姬发,被立为太子。周文王死后,他继承了文王的遗命,起兵伐纣,推翻商纣统治,建立西周王朝。史称"周武王"。

③ 胜:胜过,压倒。

④ 敬:做事严肃认真,不懈怠。

⑤ 怠:懈怠。

【大意】

文王卧病在床,召见太公,并让太子姬发也在床边随侍。文王说:"唉!上天就要抛弃我了,以后我们周国的社稷,就要多多麻烦您了。现在,我想让您再讲一些至理名言,以便明明白白地传给子孙后代。"

太公问:"请问您想要知道一些什么呢?"

文王说:"古代那些圣贤君主的治国之道,特别是他们废弃什么,又推行什么,想必您都很清楚,您能够把其中的道理讲给我听听吗?"

太公回答道:"见到好事却因懈怠而不去做,机会来了却犹豫不决,明知是错却仍然我行我素,这三种情况,就是那些至圣先贤之道要废弃的。柔和而清静,谦恭而有礼节,虽强大却佯装弱小,善于隐忍实际很刚强,这四种情况,就是那些至圣先贤要推行的。所以,道义胜过私欲,国家就能昌盛;私欲胜过道义,国家就会衰弱。做事严肃认真而不懈怠,国家就能吉祥;做事懈怠不认真,国家就会灭亡。"

六 守

【原文】

文王问太公曰:"君国主民者,其所以失之者,何也?"

太公曰:"不慎所与①也。人君有六守、三宝②。"

文王曰:"六守者何也?"

太公曰:"一曰仁,二曰义,三曰忠,四曰信,五曰勇,六曰谋,是谓六守。"

文王曰:"慎择六守者何?"

太公曰:"富之而观其无犯,贵之而观其无骄,付之而观其无转,使之而观其无隐,危之而观其无恐,事之而观其无穷。富之而不犯者,仁也;贵之而不骄者,义也;付之而不转者,忠也;使之而不隐者,信也;危之而不恐者,勇也;事之而不穷者,谋也。人君无以三宝借人,借人则君失其威。"

文王曰:"敢问三宝?"

太公曰:"大农、大工、大商③,谓之三宝。农一其乡④,则谷足;工一其乡,则器足;商一其乡,则货足。三宝各安其处,民乃不虑。无乱其乡,无乱其族,臣无富于君,都⑤无大于国⑥。六守长,则君昌;三宝完,则国安。"

【注释】

① 与：结交，亲附，这里是使用的意思。

② 六守：指用人的六项标准。三宝：指三个应该重视的行业。

③ 大农、大工、大商：三种经济组织。

④ 乡：古代的一种居民组织，一万二千五百户为一乡。

⑤ 都：大城市。

⑥ 国：国都。

【大意】

文王问太公道："治理国家和管理民众的君主，之所以会失去国家和民众，其中的原因是什么呢？"

太公答道："那是因为用人不慎造成的。作为君主，在治国安民方面，应该做到'六守'和'三宝'。"

文王问："请问什么是'六守'呢？"

太公回答说："一是仁爱，二是正义，三是忠诚，四是信用，五是勇敢，六是智谋。这就是我所说的'六守'。"

文王问："那么，如何选拔出符合'六守'标准的人才呢？"

太公说："使他富起来，以考验他是否会违背礼法；使他尊贵起来，以考验他是否会骄横跋扈；给他以重任，以考验他是否能坚定不移地去完成；让他处理一些重要的事务，以考验他是否会隐瞒欺骗；让他身处危难，以考验他是否能够临危不惧；让他处理一些突发的事件，以考验他是否能随机应变。富裕而不违背礼法的，是仁爱之人；尊贵而不骄横的，是正义之人；重任在肩而能够坚定不移去完成的，是忠诚之人；处理重要问题而不隐瞒欺骗的，是守信之人；身处危难而无所畏惧的，是勇敢之人；面对突发事件而应对自如的，是有智谋的人。但是，作为君主，不要把'三宝'交给别人，如果交给别人，君主的权威就会丧失。"

文王问："您所说的'三宝'，指的是什么呢？"

太公答道："重视农业、工业、商业，这三大行业就叫作'三宝'。把农民组织起来，聚居在一个地方进行生产，粮食就会充足；把工匠组织起来，聚居在一个地方进行生产，器具就会充足；把商人组织起来，聚居在一起进行贸易，财货就会充足。让这三大行业各安其业，各自发展，民众就不会出现什么乱子。不应打乱这种生产秩序，也不要拆散家族的组织结构。同时，要使臣民不得富于君主，城邑不得大于国都。具备'六守'的人才得到重用，君主的事业就能昌盛发达；'三宝'发展完善，国家就会长治久安。"

守 土

【原文】

文王问太公曰:"守土奈何?"

太公曰:"无疏其亲,无怠其众,抚其左右,御其四旁。无借人国柄;借人国柄,则失其权。无掘壑而附丘①,无舍本而治末。日中必彗②,操刀必割,执斧必伐。日中不彗,是谓失时;操刀不割,失利之期;执斧不伐,贼人将来。涓涓不塞,将为江河!荧荧③不救,炎炎奈何!两叶④不去,将用斧柯。是故,人君必从事于富,不富无以为仁,不施无以合亲。疏其亲则害,失其众则败。无借人利器⑤;借人利器则为人所害,而不终其正也。"

文王曰:"何谓仁义?"

太公曰:"敬其众,合其亲。敬其众则和,合其亲则喜,是谓仁义之纪⑥。无使人夺汝威,因其明,顺其常。顺者任之以德,逆者绝之以力⑦。敬之无疑,天下和服。"

【注释】

① 无掘壑而附丘:不要挖掘深谷以增高山丘,引申为不要损害下面的百姓而增益上面的君主。

② 彗:暴晒。

③ 荧荧:指微弱的火星。

④ 两叶：草木萌芽时的嫩叶，比喻草木初生。

⑤ 利器：锐利的武器，引申为国家的权力。

⑥ 纪：法度，准则。

⑦ 绝之以力：用武力消灭。

【大意】

文王问太公说："如何才能守好国土呢？"

太公答道："不要疏远自己的宗亲贵族，不要怠慢全国广大的民众，安抚好周边的国家，控制好天下四方。不可把治国的大权委托给别人，如果把治国的大权委托别人，君主就会失去自己的权威。不可挖掘深谷去堆积土丘，不可舍弃根本而去追逐枝末。太阳处在正午时，就要抓紧时机进行暴晒；拿起刀子之后，就要抓紧时间进行宰割；执有斧钺，就要抓住时机进行征伐。如果在正午阳光充足时不进行暴晒，就会失去机会；如果拿起刀子之后不进行宰割，也会错过时机；手执斧钺却不杀敌，敌人就会乘虚而入。涓涓细流如果不及时进行堵塞，就会汇聚成滔滔江河；微弱的火星如果不及时扑灭，将会蔓延成熊熊大火而无可奈何；刚萌芽的嫩叶如果不撷除，最终必得用刀斧去砍伐。所以，君主必须想办法使国家变得富足。因为国家不富足，就谈不上实行仁政；不实行仁政，就谈不上团结自己的宗亲；疏远自己的宗亲就会百害而无一利，如果再失去自己的民众那就必然会失败。最后，千万不要把统御国家的权力交给别人，因为把这样的权力交给别人，君主就会被人所害而不得善终了。"

文王问道："什么是仁义呢？"

太公回答说:"尊重自己的民众,团结自己的宗亲。民众受到君主的尊重,自然就会和睦相处;宗亲得到团结,自然就会欢喜,这就是行仁义的准则。同时要做好防范,不要让人篡夺你的权力,只要明察秋毫,自然就能够顺应常理去处理事务。对于顺从自己的人,要施予恩惠,加以任用;对于那些反对自己的异端分子,就要动用武力将其消灭。只要遵循这些原则去做,不要有所迟疑,天下自然就会顺和臣服了。"

守 国

【原文】

文王问太公曰："守国奈何？"

太公曰："斋，将语君天地之经①，四时所生，仁圣之道，民机之情。"

王即斋七日，北面再拜而问之。

太公曰："天生四时，地生万物，天下有民，仁圣牧②之。故春道生，万物荣；夏道长，万物成；秋道敛，万物盈；冬道藏，万物静③。盈则藏，藏则复起，莫知所终，莫知所始。圣人配④之，以为天地经纪。故天下治，仁圣藏；天下乱，仁圣昌，至道其然也。圣人之在天地间也，其宝⑤固大矣。因其常而视之，则民安。夫民动而为机，机动而得失争矣。故发之以其阴，会之以其阳⑥。为之先唱，天下和之。极反其常，莫进而争，莫退而让。守国如此，与天地同光。"

【注释】

① 经：常道，规律。

② 牧：统治，治理。

③ 静：静止，这里指万物蛰伏。

④ 配：配合，匹配。

⑤ 宝：珍视，指圣人珍视的天道规律。

⑥ 发之以其阴，会之以其阳：在隐蔽的地方秘密地发展力量，然后抓住时机，正大光明地进行讨伐。发，孕育，发展。阴，隐蔽的地方。会，起兵讨伐。阳，光明正大。

【大意】

文王问太公道："怎样才能保卫好国家呢？"

太公说："请您先进行斋戒，然后我再告诉您天地运行和变化的规律，四季转换和万物生息的缘由，圣贤明君的治国之道，民心向背的根源。"

文王于是斋戒七日，然后以弟子之礼再次向太公请教。

太公说："天体的运转，产生了四季；大地的化育，生出了万物。天下有了民众之后，就需要有圣贤明君进行治理。春天是万物滋生的季节，万物都会在这个时候欣欣向荣；夏天是成长的季节，万物在这个季节里变得繁荣茂盛；秋天是收获的季节，万物都在这个季节里饱满成熟；冬天是贮藏的季节，万物在这个季节里都潜藏起来休眠。万物成熟之后就应收藏，收藏之后则又要重新滋生。如此周而复始、循环往复，既没有终点，也没有起点。圣人德行与之匹配，遵循的是天地运行的规则。所以天下大治时，仁人圣君就显现不出来；天下动乱之时，仁人圣君就出来拨乱反正，建功立业。这是必然的规律。圣人处于天地之间，他的地位和作用是十分重要的。因为他能够遵循常理来治理天下，使民众安定下来。民心不定，是发生动乱的征兆。一旦出现这种征兆，天下就会出现群雄逐鹿的局面。这时，圣明的君主就会在隐蔽之处秘密发展自己的力量，等到时机成熟再光明正大地进行讨伐。首先提出除暴安民的口号,天下必然会群起响应。当天下平定,一切都已恢复正常时,既不要进而争功,也无须退而让位。这样守国,就可以与天地共存,与日月同光了。"

上 贤

【原文】

文王问太公曰:"王人者何上何下,何取何去,何禁何止?"

太公曰:"王人者上贤,下不肖;取诚信,去诈伪;禁暴乱,止奢侈。故王人者有六贼七害。"

文王曰:"愿闻其道。"

太公曰:"夫六贼者:一曰,臣有大作宫室池榭,游观倡乐者,伤王之德;二曰,民有不事农桑,任气游侠①,犯历法禁②,不从吏教者,伤王之化;三曰,臣有结朋党,蔽贤智,障主明者,伤王之权;四曰,士有抗志高节③,以为气势,外交诸侯,不重其主者,伤王之威;五曰,臣有轻爵位,贱有司,羞为上犯难者,伤功臣之劳;六曰,强宗侵夺,陵侮贫弱者,伤庶人之业。

"七害者:一曰,无智略权谋,而以重赏尊爵之故,强勇轻战,侥幸于外④,王者慎勿使为将;二曰,有名无实,出入异言⑤,掩善扬恶,进退为巧,王者慎勿与谋;三曰,朴其身躬,恶其衣服,语无为以求名,言无欲以求利。此伪人也,王者慎勿近;四曰,奇其冠带⑥,伟其衣服,博闻辩辞,虚论高议,以为容美,穷居静处,而诽时俗,此奸人也,王者慎勿宠;五曰,谗佞苟得,以求官爵,果敢轻死，以贪禄秩，不图大事，得利而动，以高谈虚论说于人主，王者慎勿使；六曰，为雕文刻镂，技巧华饰，而伤农事，王者必禁之；七曰，伪方异伎⑦，巫蛊左道⑧，不祥之言，幻惑良民，王者必止之。

"故民不尽力，非吾民也；士不诚信，非吾士也；臣不忠谏，非吾臣也；吏不平洁爱人，非吾吏也；相不能富国强兵，调和阴阳，以安万乘之主⑨，正群臣，定名实，明赏罚，乐万民，非吾相也。夫王者之道如龙首⑩，高居而远望，深视而审听，示其形，隐其情，若天之高不可极也，若渊之深不可测也。故可怒而不怒，奸臣乃作；可杀而不杀，大贼乃发；兵势不行，敌国乃强。"

文王曰："善哉！"

【注释】

① 任气：指意气用事。游侠：即古代的侠客。这些人十分重义，能够急人之所难，经常路见不平，拔刀相助，但往往也无视法律，经常以武犯禁。

② 犯历法禁：触犯法律法令。

③ 抗志高节：心志高傲，标榜节操。

④ 侥幸于外：企望在战场上侥幸夺取胜利。外，指战场。

⑤ 出入异言：即言行不一，阳奉阴违。

⑥ 冠带：指穿着打扮。

⑦ 伪方异伎：用来骗人的没有实效的方士之术。方，即方士。伎，同"技"，指炼丹之类的技术。

⑧ 巫蛊（gǔ）：用以加害他人的一种巫术。蛊，一种很毒的

毒虫。左道，即歪门邪道。

⑨ 万乘（shèng）之主：拥有一万辆战车的君主，此处指大国的君主。

⑩ 王者之道如龙首：意即君王的治国之术犹如龙头。龙首，即龙头。

【大意】

文王问太公道："作为君主，应当尊崇什么样的人，压制什么样的人，任用什么样的人，抛弃什么样的人？应该严禁哪些事，制止哪些事呢？"

太公回答说："作为君主，应该尊崇德才兼备的人，压制无德无才之辈；任用忠实诚信之人，抛弃奸诈虚伪之徒；严禁暴乱的行为，制止奢侈之风。所以，君主应当警惕'六贼''七害'。"

文王说："我想听听这些道理。"

太公说："所谓'六贼'就是：

第一，大臣中有人怂恿君主大兴土木、修建宫室亭台，以供君主游乐赏玩的，这样就会败坏君主的德行；

第二，民众中有人不从事农桑生产，意气用事、爱好游侠，触犯法律法令、不服从官吏管教的，这样就会败坏君主的教化；

第三，大臣中有结党营私、嫉贤妒能、蒙蔽君主视听的，这样就会损害君主的权势；

第四，士人中有心志高傲、标榜节操、气焰嚣张，在外又结交诸侯，不尊重君主的，这样就会损害君主的威严；

第五，大臣中有轻视君主所封的爵位，藐视上司，耻于为君主去冒险的，这样就会打击一些功臣的积极性；

第六，地方上的豪强大族争相掠夺、欺压贫弱，这样就会损害民众的生业。

"所谓'七害'是：

第一，没有智谋，却为了获得高官厚禄而恃勇逞强，轻率赴战，企图在战场上侥幸获得战功的，切勿让这种人担任将帅；

第二，徒有虚名却无真才实学，言语自相矛盾，掩人之善、扬人之恶，到处投机取巧的，君主必须慎重，切勿同这种人共谋大事；

第三，外表朴实，穿着粗劣，自称无为，实际上是沽名钓誉；自称无欲无求，实际却一心图利。这些都是虚伪之人，君主切勿与他亲近；

第四，打扮奇特，衣着华丽，博闻善辩，高谈空论，以此为自己装点门面，身居偏僻简陋之处，专门诽谤议论时政的，这是奸诈之人，君主千万要谨慎，切勿宠信并重用；

第五，进谗言诽谤别人，对君主谄媚，花言巧语，为求官爵而不择手段；为贪图俸禄，鲁莽轻率，不爱惜自己的性命；不顾大局，见利妄动；高谈阔论以取悦君主，这种人君主切勿任用；

第六，专注于用高超的技巧雕文刻镂，巧饰浮华，因而妨害农业生产的，君主必须禁止；

第七，以虚假而没有任何实效的骗人方术及各种巫蛊邪道，散布妖言，迷惑和欺骗善良民众的，君主必须加以制止。

"所以说，民众不尽力从事耕作，就不是好的民众；士人不忠诚守信，就不是好的士人；大臣不敢直言进谏，就不是好的大臣；官吏不公平廉洁，爱护民众，就不是好的官吏；宰相不能富国强兵，调和各种矛盾，处理各种问题，确保君主地位稳固，整饬纲纪，核查名实，严明赏罚，使民众安居乐业，就不是好的宰相。君主之道，犹如龙头，能够高瞻远瞩，洞察一切问题，审慎听取各种意见，表现庄严肃穆，隐藏内心真情，使人感觉如同九天那样高而不可穷极，像渊那样深而不可测量。因此，君主当怒却不怒，奸臣就会兴风作浪；当杀却不杀，大乱就会随之发生；当兴兵讨伐却不去讨伐，敌国就会强大起来。"

文王说："您说得真是太好了！"

举 贤

【原文】

文王问太公曰:"君务①举贤而不获其功,世乱愈甚,以至危亡者,何也?"

太公曰:"举贤而不用,是有举贤之名而无用贤之实也。"

文王曰:"其失安在?"

太公曰:"其失在君好用世俗之所誉,而不得真贤也。"

文王曰:"何如?"

太公曰:"君以世俗之所誉者为贤,以世俗之所毁者为不肖,则多党②者进,少党者退。若是则群邪比周③而蔽贤,忠臣死于无罪,奸臣以虚誉取爵位,是以世乱愈甚,则国不免于危亡。"

文王曰:"举贤奈何?"

太公曰:"将相分职,而各以官名举人,按名督实,选才考能,令实当其名,名当其实,则得举贤之道也。"

【注释】

① 务:致力于,从事。
② 党:党羽、朋党。
③ 比周:坏人相互勾结,结党营私。

【大意】

文王问太公说:"君主致力于选举贤能之人,却往往得不到好的结果,反倒使社会越来越动荡,以致国家陷入危亡的边缘,这是什么道理呢?"

太公答道:"选拔出贤能之人而不加以任用,这只是有举贤的虚名,却没有用贤的实质。"

文王问道:"那么造成这种过失的原因是什么呢?"

太公说:"造成这一过失的原因在于君主喜欢任用世俗所称赞的人,所以得不到真正的贤人。"

文王问道:"这话怎么说?"

太公说:"君主如果以世俗所称赞的人为贤能,以世俗所诋毁的人为不肖,那么党羽多的庸人就会被误用,党羽少的真正贤能之人反而被排挤。这样,邪恶之人就会结党营私,导致贤能之人被埋没,忠臣无罪而被置于死地。正是由于那些奸臣凭借虚名骗取爵位,所以才使得社会越来越混乱,国家也就陷入危亡的局面了。"

文王问道:"那应该怎样举贤才对呢?"

太公答道:"将相各司其职,根据各级官吏应具备的条件选用贤能,根据官吏的职责进行考核。考察这些人才能力的强弱,使其德才与官职相配、官职与德才相称。这样,就基本上掌握了举贤的原则和方法了。"

赏　罚

【原文】

文王问太公曰:"赏所以存劝①,罚所以示惩。吾欲赏一以劝百,罚一以惩众,为之奈何?"

太公曰:"凡用赏者贵信,用罚者贵必。赏信罚必于耳目之所闻见,则所不闻见者,莫不阴化②矣。夫诚畅③于天地,通于神明,而况于人乎?"

【注释】

① 存劝:存德劝善。
② 阴化:潜移默化。
③ 畅:畅行无阻。

【大意】

文王问太公说:"奖赏是为了存德劝善,惩罚是用来警示恶行。我想通过奖赏一人来鼓励百人,通过惩罚一人来警诫大众,应该怎么办呢?"

太公回答道:"奖赏贵在诚信,惩罚贵在执行。奖赏守信,惩罚必行,在人们耳朵容易听到、眼睛容易看见的地方做到奖惩得当了,即使他们以后再没有听到、看到,也都会因此而不知不觉地受到教化。诚信,能够畅行于天地之间,并通达于神明,更何况是对人呢?"

兵 道

【原文】

武王问太公曰:"兵道如何?"

太公曰:"凡兵之道,莫过乎一①。一者能独往独来②。黄帝曰:'一者阶于道③,几于神④。'用之在于机,显之在于势,成之在于君。故圣王号兵为凶器,不得已而用之。今商王知存而不知亡,知乐而不知殃。夫存者非存,在于虑亡;乐者非乐,在于虑殃。今王已虑其源,岂忧其流乎?"

武王曰:"两军相遇,彼不可来,此不可往,各设固备,未敢先发,我欲袭之,不得其利,为之奈何?"

太公曰:"外乱而内整,示饥而实饱,内精而外钝⑤。一合一离,一聚一散。阴其谋,密其机,高其垒,伏其锐士,寂若无声,敌不知我所备,欲其西,袭其东。"

武王曰:"敌知我情,通我谋,为之奈何?"

太公曰:"兵胜之术,密察敌人之机,而速乘其利,复疾击其不意。"

【注释】

① 一:专一、统一。
② 独往独来:由将帅独自定夺,不受任何牵制。

③ 阶于道：符合规律。阶，达到。道，规律，道理。

④ 几于神：接近神妙莫测的境界。几，接近。神，神妙莫测。

⑤ 钝：不锋利。引申为迟钝愚笨。

【大意】

武王问太公说："用兵之道有什么原则吗？"

太公回答道："所有的用兵之道，莫过于将帅在指挥上的高度统一。只要能够在指挥上达到统一，那么军队的进退就可以由将帅根据实际情况决定，不会受到任何的牵制，这样的军队就会所向无敌。"黄帝说：'统一指挥不但符合用兵之道，而且几乎可以达到神妙莫测的境界。'运用统一指挥这一原则，关键在于把握战机；借力这一原则，关键在于利用态势；成功地利用这一原则，关键在于君主的贤明。所以，古代的圣王贤君都称用兵为凶器，在迫不得已的时候才会使用。现在，商纣王只知道其国家存在，却不知道已经面临危亡；只知道纵情享乐，却不知道自己已经面临灾祸。一个国家能否长久地存在，不在于眼前的生存条件如何，而在于能否做到居安思危；君主能否享乐，不在于眼前是否快活，而在于能否做到乐不忘忧。现在您已经在思考安危存亡这个根本问题，至于其他的一些细枝末节，又有什么好忧虑的呢？"

武王问道："两军对峙，对方不能来进攻我，我也不能去攻打对方。双方都设置了坚固的防御堡垒，谁都不敢率先出击，我想袭击对方，又没有很好的条件，应该怎么办呢？"

太公回答说："遇到这样的情况，就要在外表上佯装混乱，而内部却非常严整；外表伪装粮草紧缺，实际上却装备充足；外表装作战斗力衰弱，实际却战斗力强大。使军队或合或离，或聚或散，装作毫无军纪，以迷惑敌人。隐匿自己的用兵谋略，密藏自己的作战意图，加高巩固防御壁垒，将精锐的兵力埋伏起来。使军营隐蔽肃静、无形无声，这样对手就无从知道我方的兵力部署。当决定发起攻击时，如果想要从西边进攻，就先从东边进行佯攻。"

武王问道："如果敌人已经知道我军的情况，了解了我方的作战计划，又该怎么办呢？"

太公回答说："用兵的取胜之道，在于周密地察明敌情，抓住有利的战机，在出其不意的情况下，对敌人进行迅猛的打击。"

卷二 武韬

发 启

【原文】

文王在酆①召太公曰:"呜呼!商王虐极,罪杀不辜,公尚②助予忧民,如何?"

太公曰:"王其修德以下贤③,惠民以观天道④。天道无殃,不可先倡;人道⑤无灾,不可先谋。必见天殃,又见人灾,乃可以谋。必见其阳,又见其阴,乃知其心;必见其外,又见其内,乃知其意;必见其疏,又见其亲,乃知其情。行其道,道可致也;从其门,门可入也;立其礼,礼可成也;争其强,强可胜也。全胜不斗⑥,大兵无创⑦,与鬼神通。微哉！微哉！

"与人同病相救，同情相成，同恶相助，同好相趋。故无甲兵而胜，无冲机而攻，无沟堑而守。大智不智，大谋不谋，大勇不勇，大利不利；利天下者，天下启⑧之；害天下者，天下闭⑨之。天下者非一人之天下，乃天下之天下也。取天下者，若逐野鹿，而天下皆有分肉之心。若同舟而济，济则皆同其利，败则皆同其害。然则皆有启之，无有闭之也。无取于民者，取民者也；无取于国者，取国者也；无取于天下者，取天下者也。无取民者，民利之；无取国者，国利之；无取天下者，天下利之，故道在不可见，事在不可闻，胜在不可知。微哉！微哉！

"鸷鸟⑩将击，卑飞⑪敛翼；猛兽将搏，弭耳⑫俯伏；圣人将动，必有愚色⑬。今彼殷商，众口相惑，纷纷渺渺⑭，好色无极⑮，此亡国之征也。吾观其野，草菅⑯胜谷；吾观其众，邪曲胜直；吾观其吏，暴虐残贼。败法乱刑，上下不觉，此亡国之时也。大明⑰发而万物皆照，大义⑱发而万物皆利，大兵发而万物皆服。大哉！圣人之德，独闻独见，乐哉！"

【注释】

① 酆：即酆京，在今陕西西安长安区沣河以西。

② 尚：庶几，犹言也许可以。

③ 下贤：指君主对贤能之士尊崇和礼遇。

④ 天道：自然规律，此处指天命。

⑤ 人道：指人事。

⑥ 全胜不斗：指不经过战斗而取得胜利才称得上是全胜。

⑦ 大兵无创：指全军临敌而没有任何伤亡。

⑧ 启：开拓，开创。

⑨ 闭：关闭，封闭。引申为拒绝、反对。

⑩ 鸷鸟：指鹰、雕之类凶猛的飞禽。

⑪ 卑飞：低飞。

⑫ 弭耳：把竖起的耳朵平贴起来，以示顺从，用以欺骗敌人。

⑬ 愚色：愚钝、笨拙的样子。

⑭ 纷纷：纷杂混乱的样子。渺渺：无穷无际，没有止境。

⑮ 无极：永无止境。

⑯ 草菅（jiān）：野草。

⑰ 大明：泛指日、月。

⑱ 大义：指正义的事业。

【大意】

周文王在酆京召见太公时，对太公说："唉！商纣王真是暴虐到了极点，随意杀害无辜的人，我想请您帮助我拯救天下的民众，您看该怎么办？"

太公答道："君主应该修养德行，礼贤下士，普施恩惠于天下的民众，并观察天道的吉凶。当天道还没有出现灾害的征兆时，就不要先倡导进行征讨；当人道还没有出现祸乱时，就不要先谋划兴师。必须等到既出现了天灾，又发生了人祸，才可以谋划兴师进行征伐；既看到他的公开言行，又了解他的秘密活动，才能知道他的真实想法；既看到他的外在表现，又了解他的内心情况，才能知道他的真实意图；既看到他疏远什么人，又了解他亲近什么人，才能知道他的真实情感。实行吊民伐罪之道，才能真正实现政治理想；遵循正确的路线，才能达到统一天下的目的；建立适当的制度，就一定能获得成功；确立强大的优势地位，就可以战胜强大的敌人。不经过战斗而取得胜利才称得上是全胜，全军临敌却没有造成任何伤亡，那才真是用兵如神了。微妙啊！微妙啊！

"能够与他人同疾苦而相互救助，同情感而相互成全，同憎恶而相互帮助，同爱好而有共同追求，这样即使没有军队也能取胜，不用冲车机弩也能进攻，没有沟垒也能防守。真正的智慧就好像没有智慧，真正的谋略就好像没有谋略，真正的勇敢就好像不勇敢，真正的利益就好像没有利益。为天下人谋利益的，天下人就会欢迎他；使天下人受害的，天下人就会反对他。天下不是某一个人的天下，而是天下人的天下。夺取天下，就像猎捕野兽一样，天下所有人都有分享兽肉的欲望；也像同坐一条船渡河一样，成功渡河之后，大家都达到了目的；一旦失败了，大家就都遭受灾难。这样做，天下人就都推崇他，而不会反对他了。不从民众那里夺取利益，却能够从民众那里得到利益；不掠夺国家利益的，就能够得到国家；不掠夺天下人的利益，却能够从天下获得利益。不夺取民众利益，民众就拥护他，这是民众给予他的利益；不掠夺国家利益的，国家就会让他获利，这是国家给予他的利益；不掠夺天下人的利益，天下人就拥护他，这是天下人给予他的利益。所以道理之高妙在于一般人看不到，事情之机密在于一般人听不到，获胜之机在于一般人不懂得。真是微妙啊！微妙啊！

"鹰、雕之类的猛禽将要发起袭击时，必先收翼低飞；猛兽将要进行搏斗时，必先帖耳伏地；圣贤将要采取行动时，必先表现出愚蠢迟钝的样子。现在的商朝，谣言四起，社会动荡不安，而商纣王依然荒淫无度，这是国家危亡的征兆。我观察他们的田地，发现野草已经盖过了禾苗；我观察他们的民众，发现那些奸邪之徒比忠直之士势力大；我观察他们的官吏，发现有不少暴虐残酷、违法乱纪的行为。但是，即使到了这种地步，商朝的朝廷上下依然执迷不悟。这是到了该灭亡的时候了。日月散发光辉，普照天下万物；正义所至，则天下万物都能得到利益；大军兴起，则天下万物都会欣然归附。伟大啊！圣人的德业，他的见地是那样的独到，使人无法企及，这才是最大的欢乐啊！"

文 启

【原文】

文王问太公曰:"圣人何守?"

太公曰:"何忧何啬①,万物皆得;何啬何忧,万物皆遒②。政之所施,莫知其化;时之所在,莫知其移。圣人守此而万物化。何穷之有?终而复始。优之游之③,展转④求之;求而得之,不可不藏;既以藏之,不可不行;既以行之,勿复明之。夫天地不自明,故能长生;圣人不自明,故能名彰。

"古之圣人,聚人而为家,聚家而为国,聚国而为天下,分封贤人以为万国,命之曰大纪。陈其政教,顺其民俗,群曲⑤化直,变于形容⑥。万国不通⑦,各乐其所,人爱其上,命之曰大定。呜呼!圣人务静之,贤人务正之。愚人不能正,故与人争。上劳则刑繁,刑繁则民忧,民忧则流亡。上下不安其生,累世不休,命之曰大失⑧。

"天下之人如流水,障之则止,启之则行,动之则浊,静之则清。呜呼,神哉!圣人见其所始,则知其所终。"

文王曰:"静之奈何?"

太公曰:"天有常形⑨,民有常生⑩。与天下共其生,而天下静矣。太上因之,其次化之,夫民化而从政,是以天无为而成事,民无与而自富,此圣人之德也。"

文王曰:"公言乃协予怀,夙夜念之不忘,以用为常⑪。"

【注释】

① 何忧何啬：既不需要忧虑，也不需要吝啬。

② 逎（qiú）：强劲、坚固，这里指繁荣滋长。

③ 优之游之：从容不迫、悠闲自得的样子。

④ 展转：反复。

⑤ 曲：不公正、邪僻。

⑥ 变于形容：指移风易俗。变，即改变。形容，指旧的不好的习俗。

⑦ 通：同"同"。

⑧ 大失：最大的过失。

⑨ 常形：指春夏秋冬四季变化的规律。

⑩ 常生：恒常不变的生活。

⑪ 常：指根本的原则。

【大意】

文王问太公说："圣人治理天下都会遵循哪些原则？"

太公答道："既不需要忧虑，也不需要吝啬，一切听其自然，天下万物就能各得其所；不去制止什么，也不去忧虑什么，天下万物就会繁荣滋长。政令的推行，要使百姓在不知不觉中受到感化，就像时间在不知不觉中自然推移那样。圣人遵循这一原则，天下万物就会潜移默化，周而复始，永无穷尽。这种从容悠闲、无为而治的办法，君主必须反复探求。既已探求到了，就不可不藏于心中；既已藏于心中，就不可不贯彻执行；既已贯彻执行，就不必将其中的奥秘公之于世。天地从不宣告自己的规律，万物却按其规律生长；圣人从不炫耀自己的英明，却能成就辉煌功业。

"古代圣人把人们聚集起来，组成了家庭；把许多家庭聚集起来，组成了国家；把许多国家聚集起来，就形成了天下。分封贤人为各国的诸侯，就是治理国家的一种纲领。宣传弘扬教化，顺应民俗民情，移风易俗，对那些邪僻的东西进行教化，使之转化成为正直。各国的习俗虽然不同，但能使百姓安居乐业，使人人尊敬拥戴君主，这就是天下大定了。唉！圣人致力于清净无为，贤君致力于端正身心，而那些愚昧的君主却不能端正身心，所以经常与民众产生矛盾和冲突。君主颁布的政令过于繁多，就会导致刑罚繁苛；刑罚繁苛，就会导致民众忧惧；民众忧惧，就会流散逃亡。国家上下不安生业，社会长期动乱不堪，这就是为政者最大的过失。

"天下人心的向背如同流水，阻塞它，它就停止；开放它，它就流动；搅动它，它就浑浊；让它安静下来，它就清澈。唉！真是神妙啊！只有圣人才能看到事物刚开始萌芽的状态，并进而推断出由此将会产生的结果。"

文王问："那怎样才能使天下安静祥和呢？"

太公答道："上天有一定的变化规律；民众的活动，也有经常从事的生计事业。如果君主能够同民众共安生业，天下就会安静下来了。所以说，最好的政治是顺应民心进行治理，其次是宣扬政教以感化民众，使民众受到感化而服从政令。所以，天道无为而能生长万物，民众无须施舍就能丰衣足食。这就是圣人的德政。"

文王说："您的话深合我意，我将朝思夕念，时刻也不敢忘，并把它作为治理天下的根本原则。"

文 伐

【原文】

文王问太公曰:"文伐①之法奈何?"

太公曰:"凡文伐有十二节②:

"一曰:因其所喜,以顺其志。彼将生骄,必有奸③事。苟能因之,必能去之。

"二曰:亲其所爱,以分其威。一人两心,其中必衰。廷无忠臣,社稷必危。

"三曰:阴赂左右,得情甚深。身内情外④,国将生害。

"四曰:辅其淫乐,以广其志,厚赂珠玉,娱以美人。卑辞委听,顺命而合⑤。彼将不争,奸节乃定⑥。

"五曰:严⑦其忠臣,而薄其赂。稽留其使,勿听其事。亟为置代,遗以诚事,亲而信之,其君将复合之。苟能严之,国乃可谋。

"六曰:收其内,间其外,才臣外相⑧,敌国内侵,国鲜不亡。

"七曰:欲锢其心,必厚赂之。收其左右忠爱,阴示以利,令之轻业,而蓄积空虚。

"八曰:赂以重宝,因与之谋。谋而利之,利之必信,是谓重亲。重亲之积,必为我用。有国而外,其地大败。

"九曰:尊之以名,无难其身,示以大势,从之必信。

致其大尊，先为之荣，微饰圣人，国乃大偷⑨。

"十曰：下之必信，以得其情。承意应事，如与同生。既以得之，乃微收之。时及将至，若天丧之。

"十一曰：塞之以道；人臣无不重贵与富，恶死与咎⑩。阴示大尊，而微输重宝，收其豪杰。内积甚厚，而外为乏。阴纳智士，使图其计。纳勇士，使高其气。富贵甚足，而常有繁滋。徒党已具，是谓塞之。有国而塞，安能有国？

"十二曰：养其乱臣以迷之，进美女淫声以惑之，遗良犬马以劳之，时与大势以诱之，上察而与天下图之。

"十二节备，乃成武事。所谓上察天，下察地，征已见，乃伐之。"

【注释】

① 文伐：指不用军事手段而达到打击敌人的目的。

② 节：项、种。

③ 奸：底本作"好"，疑有误。现据《武经七书汇解》校改。

④ 身内情外：身处此方，心里却向着对方。

⑤ 顺命而合：顺着敌人的命令而迎合其意。

⑥ 奸节乃定：对方图谋我方的奸险用意就会停歇。

⑦ 严：尊敬。

⑧ 相：辅助，帮助。

⑨ 国乃大偷：因君主懈怠导致国事废弛。偷，苟且偷安。

⑩ 咎（jiù）：灾祸，祸患。

【大意】

文王问太公说："怎样对敌人进行文伐？"

太公答道："文伐的方法有十二种：

"第一，按照敌人的喜好，顺从他的意愿。这样，他就会滋长骄傲情绪，并开始去做一些邪恶的事情。然后我们再因势利导，就一定能够把他除掉。

"第二，亲近和拉拢敌人的大臣，以分化敌国的力量。敌国的大臣如怀有贰心，必然降低其忠诚度。敌国朝中没有忠臣，国家必然面临危亡。

"第三，暗中收买和贿赂敌君的近臣，和他建立深厚的交情。这些人身居国内却心向国外，敌国必将发生祸害。

"第四，助长敌国君主放纵享乐的行为，扩大他的荒淫欲望，用大量珠宝贿赂他，并赠送美女讨好他。言辞卑下，曲意逢迎，顺从他的命令，迎合他的想法。这样，他就不再有争斗之心，对方图谋我方的奸险用意就会停歇。

"第五，表面尊敬敌国的忠臣，故意给他送一些微薄的礼物，当他出任使者前来交涉时，故意拖延时间，对其所交涉的问题不予理睬，逼迫敌方国君改派使者。然后故意向新使者透露一些真实的国事信息，向其表示亲近以取得他的信任，他就会期待自己的国君与我国重修旧好。用这种不同的态度对待敌国的忠臣和奸佞，就能够离间敌国君臣之间的关系，从而可以谋取敌国了。

"第六，收买敌国君主身边的大臣，离间敌国在朝外的大臣，使其有才干的大臣里通外国，造成敌国内部的混乱，这样敌国就很少有不灭亡的。

"第七，想要抑制敌国君主的争雄志向，就要用大量财货对其进行贿赂，同时收买他左右亲近的大臣，暗中给他们好处，使其君臣忽视生产，造成财粮匮乏，国库空虚。

"第八，用贵重的财物贿赂敌国君主，并乘机与他同谋别国，所图谋的又对他有利。他得到利益后，必然开始信任我们，这样就使敌国与我的关系密切起来。关系密切，敌国就必然会被我所利用。他有国家大权而被外国利用，最终必遭惨败。

"第九，用煊赫的名号尊崇敌国的君主，不让他身临危难，给他以势倾天下的感觉；顺从他的意志，以博取他的信任；使他居于至高无上的地位，先夸耀他的功绩，再恭维他德比圣人。这样，他必然会狂妄自大，从而导致政事荒废。

"第十，对敌君要假意表现出卑微和屈从的样子，这样就会获得他的信任，从而获得他的友善之情。秉承他的意志，顺从他的要求，就像兄弟一般亲密。获得他的信任之后，就可以微妙地对他加以控制和利用。一旦时机成熟，就可以让他灭亡，如同上天灭亡他一样。

"第十一，用各种方法来闭塞敌国君主的视听。臣民都爱好富贵，厌恶死亡，惧怕灾祸，所以，我们可以通过暗中许诺尊贵的官位，秘密赠送大量财宝，收买敌国的英雄豪杰。我们的国家积蓄充实，但外表要装作很贫穷，要暗中网罗敌国的智谋之士，使他们与我方图谋大计；要秘密结交敌国的勇士，借以提高我方的士气；要尽量满足这些人取得富贵的欲望，并不断使之滋长蔓延。这样，敌国的豪杰智士就转而成为我方帮手。这就是闭塞敌国君主的视听。这时，敌国君主虽然还拥有国家，但视听已被闭塞，他还怎么能维持自己的统治地位呢？

"第十二，扶植敌国的奸臣，以迷乱其君主的心智；进献美女进行淫乐，以惑乱其君主的意志；送他良犬宝马，使其沉溺于犬马声色之中，身体疲惫；经常向他报告对他有利的形势，以使他高枕无忧。然后等待有利的时机，再与天下人共同谋取他的国家。

"以上十二种方法都能正确运用，就可以采取军事行动了。这就是所谓上观天时，下察地利，等到各种对我有利的征兆都已显现时，就可以兴兵进行讨伐了。"

顺　启

【原文】

文王问太公曰:"何如而可为天下?"

太公曰:"大盖天下①,然后能容天下;信盖天下,然后能约②天下;仁盖天下,然后能怀③天下;恩盖天下,然后能保天下;权盖天下,然后能不失天下;事而不疑,则天运不能移,时变不能迁。此六者备,然后可以为天下政。

"故利天下者,天下启之;害天下者,天下闭之;生天下者,天下德之;杀天下者,天下贼④之;彻⑤天下者,天下通之;穷天下者,天下仇之;安天下者,天下恃之;危天下者,天下灾之⑥。天下者,非一人之天下,唯有道者处之。"

【注释】

① 大盖天下:指器量能够包容天下。大,气量、度量。盖,包容、覆盖。

② 约:约束,控制。

③ 怀:安抚。

④ 贼:杀,除掉。

⑤ 彻:明,显明。

⑥ 天下灾之:天下人将其视为灾星,避之唯恐不及。

【大意】

文王问太公道:"怎样才能把天下治理好呢?"

太公回答说:"以宏大的气量覆盖天下,就可以包容天下;用诚信覆盖天下,就可以约束天下;用仁爱覆盖天下,就可以安抚天下;用恩惠覆盖天下,就可以保有天下;用权势覆盖天下,才能不失天下;遇到事情时,要果断处理,毫不犹疑,就像天体运行那样不能改变,像四时更替那样不可变化。只有这六个条件都具备了,才能治理天下。

"所以为天下人谋利益的,天下人就会与他一起开创事业;使天下人遭受祸害的,天下人就会阻塞他的事业;让天下自然化育的,天下人就会感激他;使天下人遭到杀戮的,天下人就会除掉他;能使天下人明晰表达见识的,天下人就会归附他;使天下人贫困的,天下人就会憎恶他;使天下人安居乐业的,天下人就会把他当作依靠;给天下人造成危难的,天下人就会把他看成灾星。天下不是一个人的天下,只有道德高尚的人,才能治理好天下。"

三　疑

【原文】

武王问太公曰："予欲立功，有三疑：恐力不能攻强、离亲、散众①，为之奈何？"

太公曰："因之②，慎谋，用财。夫攻强必养之使强，益之使张③，太强必折，太张必缺。攻强以强，离亲以亲，散众以众。

"凡谋之道，周密为宝。设之以事，玩之以利，争心必起。欲离其亲，因其所爱，与其宠人。与之所欲，示之所利。因以疏之，无使得志。彼贪利甚喜，遗疑乃止。

"凡攻之道，必先塞其明，而后攻其强，毁其大④，除民之害。淫之以色，啖之以利，养之以味，娱之以乐。

"既离其亲，必使远民，勿使知谋，扶而纳之⑤，莫觉其意，然后可成。

"惠施于民，必无爱财，民如牛马，数喂食之⑥，从而爱之。心以启智，智以启财，财以启众，众以启贤，贤之有启，以王天下。"

【注释】

① 散众：指分化瓦解敌国的民众。众，民众。
② 因之：因势利导。因，顺应，利用。

③ 张：嚣张。

④ 大：指庞大的国家机器。

⑤ 扶而纳之：指用各种手段引诱敌人进入我方所设下的圈套。

⑥ 喂：喂养。

【大意】

武王问太公说："我想建立功业，但现在还有三点疑虑：担心自己的力量不足以进攻强敌，担心不能离间敌君的亲信，担心不能瓦解敌国的民众。您看我该怎么办呢？"

太公回答说："只要做到因势利导，谨慎用计，再加上投入一些钱财，基本上就没有什么可担心的了。要进攻强敌，首先要怂恿他，使其恃强骄横；其次是放任他，使其猖狂自大。敌人过于强横，必然遭到挫折；过于狂妄，必然导致失误。要进攻强大的敌人，一定要先助长他的强暴；用收买敌人亲信的方式去离间他的亲信，用争取敌人民心的方式去瓦解他的民众。

"运用计谋，一定要十分周密。许诺给敌人一些好处，给予敌人一些利益，敌人内部必然会发生争斗。要想离间敌国的君臣，应根据他们的爱好，给予他所宠爱的佞臣一些好处，送给他们想得到的东西，许给他们丰厚的利益，使他们疏远自己的君主，让他们不能有所作为。他们因为得到了好处，自然很高兴，也就不会对我们的意图产生任何疑虑了。

"一般而言，要进攻强大的敌人，一定要注意方法，首先要做的，就是蒙蔽敌国君主的耳目，然后再进攻他强大的军队,摧毁他庞大的国家机器,以解除民众的痛苦。而蒙蔽敌君耳目的最好办法是:用女色腐蚀他,用厚利引诱他,用美味供养他,用淫乐去迷乱他。

"既已离间了他的亲信,还使他疏远了自己的民众,那就千万不要让他识破我们的计谋,这样才能引诱他进入我们的圈套,而且一直被蒙在鼓里,对我们的意图毫无觉察。到了这时,我们的大事就能够成功了。

"将恩惠施于民众,一定不要吝惜财物。因为民众也如同牛马一样,要经常喂养他们,这样他们就会追随、爱戴你了。总之,只要我们用心去探究,就可以产生智慧,而智慧可以产生财富,财富可以养育民众,民众中可以涌现贤才。当大批的贤才涌现出来时,就可以辅佐君主治理天下了。"

卷三 龙韬

王翼

【原文】

武王问太公曰:"王者帅师,必有股肱羽翼①,以成威神,为之奈何?"

太公曰:"凡举兵帅师,以将为命。命在通达,不守一术。因能受职,各取所长,随时变化,以为纲纪,故将有股肱羽翼七十二人,以应天道②。备数如法,审知命理,殊能异技,万事毕矣。"

武王曰:"请问其目?"

太公曰:"腹心一人,主潜谋应卒③,揆天消变④,总揽计谋，保全民命；谋士五人，主图安危，虑未萌，论行能，明赏罚，授官位，决嫌疑，定可否；天文三人，主司星历⑤，候风气⑥，推时日，考符验⑦，校灾异，知天心⑧去就之机；地利三人，主三军行止形势⑨，利害消息，远近险易，水涸山阻，不失地利；兵法九人，主讲论异同，行事成败，简练兵器，刺举非法；通粮四人，主度饮食蓄积，通粮道，致五谷，令三军不困乏；奋威四人，主择材力，论兵革⑩，风驰电击，不知所由；伏鼓旗三人，主伏鼓旗，明耳目，诡符节⑪，谬号令，闇忽⑫往来，出入若神；股肱四人，主任重持难，修沟堑，治壁垒，以备守御；通材三人，主拾遗补过，应偶宾客，论议谈语，消患解结；权士三人，主行奇谲⑬，设殊异，非人所识，行无穷之变；耳目七人，主往来听言视变，览四方之事，军中之情；爪牙五人，主扬威武，激励三军，使冒难攻锐，无所疑虑；羽翼四人，主扬名誉，震远方，摇动四境，以弱敌心；游士八人，主伺奸候变，开阖⑭人情，观敌之意，以为间谍；术士二人，主为谲诈，依托鬼神，以惑众心；方士二人，主百药，以治金疮，以痊万病；法算二人，主计会三军营壁、粮食、财用出入。"

【注释】

① 股肱（gōng）羽翼：比喻君王左右最得力的辅佐大臣。股，大腿。肱，手臂从肘到腕的部分。羽翼，翅膀。

② 天道：天象，天地运行的规律。古代以五日为一候，三候为一节气。这样算下来，一年就有二十四节气、七十二候。文

中所说的"股肱羽翼七十二人以应天道",就是以七十二人应七十二候。

③ 卒:同"猝",突然。这里指突然发生的事变。

④ 揆(kuí)天消变:观测天象,消除祸患。揆,观测,测度。变,变故,祸患。

⑤ 星历:指天文历法。

⑥ 候风气:观测风向和气候的变化。

⑦ 符验:指上天所降下的祥瑞与人事符合,使某种预言或征兆得到应验。

⑧ 天心:上天的意志。

⑨ 形势:地形地势。

⑩ 论兵革:选用各种武器装备。论,同"抡",选择、挑选之意。兵革:武器装备。

⑪ 符节:古代传达命令、征调兵将以及用于各项事务的一种凭证。用金、铜、玉、角、竹、木、铅等不同原料制成。用时双方各执一半,合之以验真假,如兵符、虎符等。

⑫ 罨(yǎn)忽:突然。

⑬ 奇谲(jué):诡诈。

⑭ 开阖(hé):开关。阖,关闭。

【大意】

武王问太公说:"君主率军打仗,身边必须有得力的辅佐之人,才能打造出非凡的威势,应该怎样做到这一点呢?"

太公回答说:"凡举兵征伐,都以将帅为掌握军队命运的人。而要掌握好全军的命运,最重要的是要通晓和了解各方面的情况，不能只专精某项技术。因此，作为君主，在委任将帅方面，应该量才授职，用其所长，灵活掌握，并使之成为一项制度。一般而言，将帅需要的辅佐人员有七十二人，以便应和天道及应付各种情况。按照这种方法设置助手，也就掌握了做将帅的道理。将各种特殊人才的奇异才能发挥出来，就可以圆满完成各项任务。"

武王问："请问具体的人才配备是怎样的呢？"

太公回答说："需要心腹一人，主要负责密谋军务，应付突发事变，观测天象，消除祸患，总揽军政大计，保全民众的生命。谋士需要五人，主要负责筹划安危大事，分析形势发展变化，掌握将士品德才能，申明军纪，授予官职，解决疑难问题，裁定事情是否可行。天文需要三人，主要负责观察日月星辰的运行，预测风向和气候，推算时日，考察吉凶征兆，核查灾异现象，观察人心向背。地利需要三人，主要负责察明军队行军和驻扎的地形状况，分析利弊得失变化，观察距离远近、地形险易、江河水情和山势险阻等，确保军队作战时能够占据地利。兵法需要九人，主要负责探讨敌我形势的异同，分析作战胜负的原因，检查点验武器装备，检举揭发军队中各种违法行为。通粮需要四人，主要负责筹划给养，筹备储存，保证粮道畅通无阻，征集军需粮草，确保军队供给充足。奋威需要四人，主要负责选拔有才能的勇士，配发精良的武器装备，组织突击部队采取风驰电掣般的行动，对敌人进行迅猛快速的打击。伏鼓旗需要三人，主要负责军队的旗鼓，明确视听信号，制造假符节，发布假命令以迷惑敌人，忽来忽往，忽左忽右，神出鬼没，令敌军捉摸不定。股肱需要四人，主要担负重要的使命，从事艰巨的任务，挖掘沟堑，构筑壁垒，以备防御。通材需要三人，主要负责完善将帅的不足，弥补将帅的过失，接待宾客，讨论问题，消除祸患，调解纠纷。权士需要三人，主要负责实施诡诈奇谋，设置绝技，进行无穷的权变，不让敌人识破。耳目需要七人，主要负责与外界进行交往，听风声，观动静，调查天下形势，了解敌军情况。爪牙需要五人，主要负责宣扬我军的军威，激励三军的斗志，使士兵敢于冒险进攻而无所疑惧。羽翼需要四人，主要负责宣扬我军将帅的威名声誉，以威震远方，动摇邻国，削弱敌军的斗志。游士需要八人，主要负责进行间谍活动，察明敌军的奸佞之臣，刺探敌国的情况，俘获敌国的民心，观察敌人意图。术士需要二人，主要负责使用诡诈的计谋，假借鬼神，迷惑敌人的军心。方士需要二人，主要负责各种药物的配备，治疗受伤的将士，治病救人。法算需要二人，主要负责计算军队所需要的营垒、粮食以及相关物资的收支情况。"

论 将

【原文】

武王问太公曰:"论将之道奈何?"

太公曰:"将有五材十过①。"

武王曰:"敢问其目②。"

太公曰:"所谓五材者:勇、智、仁、信、忠也。勇则不可犯,智则不可乱,仁则爱人,信则不欺,忠则无二心。

"所谓十过者:有勇而轻死者,有急而心速者,有贪而好利者,有仁而不忍③人者,有智而心怯者,有信而喜信人者,有廉洁而不爱人④者,有智而心缓者,有刚毅而自用者,有懦而喜任人者。

"勇而轻死者,可暴也;急而心速者,可久也;贪而好利者,可遗也;仁而不忍人者,可劳也;智而心怯者,可窘⑤也;信而喜信人者,可诳也;廉洁而不爱人者,可侮也;智而心缓者,可袭也;刚毅而自用⑥者,可事也;懦而喜任⑦人者,可欺也。

"故兵者,国之大事,存亡之道,命在于将。将者,国之辅,先王之所重也。故置将不可不察也。故曰,兵不两胜,亦不两败。兵出逾境,期不十日⑧,不有亡国,必有破军杀将。"

武王曰:"善哉!"

【注释】

① 材：指人才所具备的优秀品质。过，缺点，过失。

② 目：细节，条目。

③ 不忍：不忍心伤害别人。这里指对军中的各种违纪行为流于姑息，不忍心对违纪的人进行惩罚。

④ 不爱人：指将帅为保持自身的廉洁而失去爱心，对下属要求过于苛刻，在管理上缺乏人情味。

⑤ 窘：困窘，束手无策。

⑥ 自用：刚愎自用。

⑦ 任：依赖。

⑧ 十日：概数，意为数日，并不是确指十天。

【大意】

武王问太公说："评价将帅的原则和标准都有哪些？"

太公回答说："优秀的将帅应具备五种好的品质，避免十种缺点。"

武王说："请问具体都是哪些呢？"

太公说："所谓的五种美德就是：勇敢、明智、仁慈、诚信和忠贞。勇敢就不会被敌人所侵犯，明智就不会被敌人所扰乱，仁慈就会爱护自己下属，诚信就不会欺骗君主，忠贞就不会对君主怀有二心。

"所谓十种缺点就是：勇敢而不爱惜生命，性格急躁而急于求成，本性贪婪而且好利，内心仁慈而流于姑息纵容，秉性聪明却胆小怕事，诚实守信却轻信别人，自身廉洁而对部下刻薄，多谋而优柔寡断，坚强而刚愎自用，懦弱而依赖别人。

"对于勇敢而轻死的将帅，可以想办法激怒他，使他丧失理智；对于性格急躁而急于求成的将帅，可以通过持久战来拖垮他；对于贪婪而好利的将帅，可以通过贿赂来收买他；对于仁慈而流于姑息的将帅，可以通过不断的骚扰来令他疲惫；对于聪明而胆小怕事的将帅，可以让他困窘不安；对于诚实守信而轻信别人的将帅，可以用言语欺骗他；对于廉洁却不尊重人的将帅，可以侮辱他；对于多谋而寡断的将帅，可以对他发动突然袭击；对于坚强而刚愎自用的将帅，可以奉承迷惑他；对于懦弱而依赖别人的将帅，可以设计欺骗他。

"所以，出兵打仗是国家的大事，关系着国家存亡，此时国家的命运就完全掌握在军队将帅的手里。一军的将帅，是国家的辅佐，为历代君王所重视，因此君主任命将帅时，不可不慎重考察。实际上，战争的双方不可能都取得胜利，也不可能都遭到失败。只要军队越出国境作战，数日后，不是一方亡国，就必然是另一方兵败将亡。"

武王说："您说得太好了！"

选 将

【原文】

武王问太公曰："王者举兵，欲简练英雄，知士之高下，为之奈何？"

太公曰："夫士外貌不与中情①相应者十五：有贤②而不肖者，有温良而为盗者，有貌恭敬而心慢者，有外廉谨而内无至诚者，有精精③而无情者，有湛湛④而无诚者，有好谋而不决者，有如果敢而不能者，有悾悾⑤而不信者，有恍恍惚惚⑥而反忠实者，有诡激⑦而有功效者，有外勇而内怯者，有肃肃⑧而反易人者，有嗃嗃⑨而反静悫⑩者，有势虚形劣而外出无所不至、无所不遂⑪者。天下所贱，圣人所贵，凡人莫知，非有大明，不见其际，此士之外貌不与中情相应者也。"

武王曰："何以知之？"

太公曰："知之有八征⑫：一曰问之以言，以观其辞；二曰穷之以辞，以观其变；三曰与之间谋⑬，以观其诚；四曰明白显问，以观其德；五曰使之以财，以观其廉；六曰试之以色，以观其贞；七曰告之以难，以观其勇；八曰醉之以酒，以观其态。八征皆备，则贤不肖别矣。"

【注释】

① 中情：内情，指内在品质。

② 贤：底本作"严"，疑有误，今据《武经七书汇解》进行校改。

③ 精精：精益求精，此处指精明强干。

④ 湛湛：忠厚老实的样子。

⑤ 悾（kōng）悾：诚恳真挚的样子。

⑥ 恍恍惚惚：糊里糊涂的样子。

⑦ 诡激：奇异激烈。

⑧ 肃肃：严肃有礼。

⑨ 嗃（hè）嗃：严厉，冷酷。

⑩ 悫（què）：诚实，诚恳。

⑪ 遂：达成目标，完成任务。

⑫ 征：此处指方法。

⑬ 间谋：谋划私利。

【大意】

武王问太公说："君王举兵征伐，要选拔智勇兼备的人担任将帅。但是，如何在委任他之前，就能知道他德才的高低呢？"

太公答道："作为士人，他的外表和内心不相符合的情况主要有十五种：有的外表贤明而内心却无才德，有的貌似善良实际上却为盗贼，有的貌似恭敬内心却很傲慢，有的貌似谦谨内心却不真诚，有的看似精明强干却实无才学，有的表面厚道内心却不诚实，有的貌似多智谋而缺乏决断，有的貌似果断实际上却无所作为，有的外表老实实际上却没有信用，有的外表看似摇摆不定内心却很忠诚，有的言行过激办事却有功效，有的貌似勇敢实际上却很胆怯，有的外表严肃实际上却平易近人，有的外表严厉内心却温和厚道，有的外表虚弱形体丑陋却能受命出使而无所不至、办事无所不成。被普通人看不起的，却往往被圣人所器重。一般人不能了解，没有高明的见识，是不能看清其中奥秘的。这就是士的外表和他的内在不相一致的种种情况。"

武王问："那怎么才能真正了解他们呢？"

太公说："要想了解他们，主要有八种方法：一是提出问题，看他是否言辞周密；二是详细盘问，看他是否有应变能力；三是通过为其谋划私利进行考察，看他是否足够忠诚；四是明知故问，看他是否有所隐瞒，借以考察他的品德；五是让他管理财物，看他是否能够做到廉洁自律；六是用女色对他进行试探，可以看出他操守的高下；七是让他面临危难，看他是否真正勇敢；八是灌醉他，看他酒醉之后的状态。这八种方法都用了之后，一个人是贤还是不肖，就可以看得很清楚了。"

立 将

【原文】

武王问太公曰:"立将之道奈何?"

太公曰:"凡国有难,君避正殿,召将而诏之曰:'社稷安危,一在将军,今某国不臣,愿将军帅师应之。'

"将既受命,乃命太史卜,斋三日,之太庙,钻灵龟①,卜吉日,以授斧钺②。

"君入庙门,西面而立;将入庙门,北面而立。君亲操钺持首,授将其柄,曰:'从此上至天者,将军制之。'复操斧持柄,授将其刃,曰:'从此下至渊者,将军制之。见其虚则进,见其实则止,勿以三军为众而轻敌,勿以受命为重而必死,勿以身贵而贱人,勿以独见而违众,勿以辩说为必然。士未坐勿坐,士未食勿食,寒暑必同。如此则士众必尽死力。'

"将已受命,拜而报君曰:'臣闻国不可从外治,军不可从中御。二心③不可以事君,疑志④不可以应敌。臣既受命,专斧钺之威,臣不敢生还。愿君亦垂一言之命于臣。君不许臣,臣不敢将。'

"君许之,乃辞而行。军中之事,不闻君命,皆由将出。临敌决战,无有二心。若此则无天于上,无地于下,无敌于前,无君于后。是故智者为之谋,勇者为之斗,气厉青云，疾若驰鹜⑤，兵不接刃，而敌降服。战胜于外，功立于内，吏迁士赏，百姓欢悦，将无咎殃。是故风雨时节，五谷丰熟，社稷安宁。"

武王曰："善哉！"

【注释】

① 钻灵龟：即占卜。在商周时期，每次遇有重大事情，需要做出决策时，都会先占卜一番，以求得到神灵的指示。占卜的方法是用烧红的小铜棍灸烙龟甲或兽骨，然后再通过骨甲的裂痕程度来判定吉凶，并做出相应的决断。

② 斧钺（yuè）：两种兵器，是军权的象征。斧，斧头。钺，比较宽大的斧。

③ 二心：怀有二心，即不忠心。

④ 疑志：心存疑虑，犹豫不决。

⑤ 驰鹜（wù）：奔驰的骏马。驰，车马疾驰。鹜，乱跑，纵横驰骋。

【大意】

武王问太公说："任命将帅的方式是怎样的呢？"

太公回答道："如果是国家面临危难，君主就要避开正殿，在偏殿召见主将，然后向他下达诏令说：'国家的安危，全系于将军的身上了。现在某国已经反叛，请将军统率精锐之师前去征讨。'

"主将接受命令后，君主就令太史占问吉凶。先斋戒三天，然后前往太庙，钻灸龟甲，选择吉日，将象征军权的斧钺授予将帅。

到了吉日，君主进入太庙门，面向西边站立；主将随后也进入太庙门，面向北站立。君主亲自拿着钺的上部，把钺柄交给主将，然后宣告：'从现在开始，军中上至于天的一切事务，全由将军处置。'然后又亲自拿着斧柄，将斧刃授予主将，并宣告：'从现在开始，军中下至于渊的一切事务，全由将军裁决。看到敌人虚弱就进攻，看到敌人强大就暂时停下来，不要认为我军人数众多就轻敌，不要因为任务重大就不顾一切地拼死，不要因为身份尊贵而轻视部下，不要认为自己意见独到而违背大家的建议，不要因为能言善辩而自以为是。士兵还没有坐下，将帅就不要先坐；士兵还没进餐，将帅就不要先吃。冷热都要与士兵一同忍受。这样，士兵在战场上就会奋勇当先，全力以赴，拼死作战。'

"主将接受任命之后，便向君主下拜，然后回禀：'我听说国事不可以受到外部的干预，军队在外行军作战，也不能由君主在朝廷遥控指挥。作为臣下，如果怀有二心，就不能忠心侍奉君主；作为将帅，如果因为受到君主的牵制而疑虑重重，就不能专心致志地去对付敌人。我既然已奉命执掌军事大权，不取得胜利就不敢生还。所以请您允许我按照刚才说的全权处置军中的一切事务。如果您不允许，我将不敢担此重任。'

"君主允诺之后，主将就辞别君主，率军出征。军中一切事务，将不听命于君主，而全部听命于军中主将。这样，与敌军作战，就能够专心致志。主将在指挥全军作战时，在上不受天时限制，在下不受地形牵制，前边没有敌人敢于抵挡，后边没有君主从中掣肘的情况下，就能使智谋之士都愿意出谋划策，使勇武之士都甘愿与敌军进行殊死战斗。做到了这些，军中的士气就直冲霄汉，出兵作战也迅速得如同快马奔驰，兵未血刃敌人就已经降服。取胜于国外，建功于朝廷，将帅得到晋升，士兵获得奖赏，百姓欢欣鼓舞，主将也没有祸殃。于是，风调雨顺，五谷丰登，国家安宁。"

武王说："您说得太好了！"

将 威

【原文】

武王问太公曰:"将何以为威?何以为明?何以为禁止而令行?"

太公曰:"将以诛大①为威,以赏小②为明,以罚审③为禁止而令行。故杀一人而三军震者,杀之;赏一人而万人悦者,赏之。杀贵大,赏贵小。杀及当路④贵重之臣,是刑上极也;赏及牛竖⑤、马洗厩养之徒⑥,是赏下通也。刑上极,赏下通,是将威之所行也。"

【注释】

① 诛大:诛杀那些地位尊贵、有权有势的人。

② 赏小:奖赏那些地位低微、无权无势的人。

③ 审:慎重。

④ 当路:身居要职。

⑤ 牛竖:指放牛的童仆。

⑥ 马洗厩养之徒:养马的奴仆。

【大意】

武王问太公说:"将帅应该怎样树立自己的威信?怎样体现自己的贤明?怎样做到有令必行、有禁必止呢?"

太公答道:"将帅可以通过诛杀那些地位高贵、有权有势的人来树立自己的威信,通过奖赏那些地位低下、无权无势的人来体现自己的贤明,通过慎重、严明的赏罚做到有令必行、有禁必止。所以,如果杀一人而能使全军受到震骇,就把他杀掉;如果赏一人而能使全军受到激励,就奖赏他。诛杀贵在诛杀那些地位高贵的人,奖赏重在奖赏那些地位低下的人。诛杀那些位高权重,在朝廷中担当重要职务的重臣,说明刑罚能够达到最上层;奖赏那些牛童、马夫等地位低下的人,说明奖赏能够通达最下层。使刑罚达到最上层,奖赏通达最下层,这就是将帅树立威信,命令得以执行的原因所在。"

励 军

【原文】

武王问太公曰:"吾欲令三军之众,攻城争先登,野战争先赴,闻金声而怒,闻鼓声而喜,为之奈何?"

太公曰:"将有三胜①。"

武王曰:"敢问其目?"

太公曰:"将,冬不服裘,夏不操扇,雨不张盖,名曰礼将;将不身服礼②,无以知士卒之寒暑。出隘塞,犯泥涂,将必先下步,名曰力将。将不身服力③,无以知士卒之劳苦。军皆定次④,将乃就舍,炊者皆熟,将乃就食,军不举火,将亦不举,名曰止欲将;将不身服止欲,无以知士卒之饥饱。将与士卒共寒暑、劳苦、饥饱,故三军之众闻鼓声则喜,闻金声则怒。高城深池,矢石繁下,士争先登。白刃始合⑤,士争先赴。士非好死而乐伤也,为其将知寒暑、饥饱之审,而见劳苦之明也。"

【注释】

① 三胜:此处指三种克敌制胜的办法。

② 不身服礼:不能亲身执行礼法,即不能以身作则。服,习惯于。

③ 不身服力:不能身体力行。力,劳力。

④ 定次：驻扎宿营。

⑤ 合：交战。

【大意】

武王问太公说："我想使三军将士在攻城的时候争先登城，在野地交战的时候争先冲锋，听到退兵的号令就愤怒，听到进攻的号令就高兴，应该怎样做呢？"

太公答道："作为将帅，主要有三种克敌制胜的办法。"

武王说："请您将这些办法具体谈一谈好吗？"

太公说："身为将帅，如果能够做到冬天不穿皮衣，夏天不摇扇子，雨天不撑雨伞，那就是深知礼法、以身作则的礼将。如果将帅不能以身作则，就不可能体会到士卒的冷暖。行军中，在翻越险阻关隘，遇到泥泞道路时，将帅如果能够走下车马步行，那就是力将。如果将帅不能做到身体力行，就不可能体会到士卒的劳苦。军队宿营就绪后，将帅才进入自己的中军大帐；军队的饭菜做好后，将帅才开始就餐；军队没有生火做饭，将帅也不生火做饭，这样的将帅可称作止欲将。如果将帅不能克制自己的欲望，就不能体会到士兵的饥饱。身为将帅，只要能够做到与士卒同寒暑、共劳苦、同饥饱，那么全军上下自会听到进攻的号令就高兴，听到退兵的号令就愤怒。攻打高城深池时，即使面临敌军雨点般的箭石，士卒也会临危不惧，争先恐后，奋勇登城；在野外交战时，双方刚一交锋，士卒就会冲锋陷阵，前仆后继，勇往直前。作为士卒，他们并不是喜好死亡、乐于受伤，而是由于将帅时刻关心自己的冷暖和饥饱，体恤自己的劳苦，因此深受感动，甘愿拼死报效。"

阴 符

【原文】

武王问太公曰:"引兵深入诸侯之地,三军卒有缓急①,或利或害。吾将以近通远,从中应外,以给三军之用,为之奈何?"

太公曰:"主与将有阴符②。凡八等:有大胜克敌之符,长一尺;破军擒将之符,长九寸;降城得邑之符,长八寸;却敌报远之符,长七寸;誓众坚守之符,长六寸;请粮益兵之符,长五寸;败军亡将之符,长四寸;失利亡士之符,长三寸。诸奉使行符稽留③,若符事闻,泄者告者皆诛之。八符者,主、将秘闻,所以阴通、言语不泄、中外相知之术。敌虽圣智,莫之能识。"

武王曰:"善哉!"

【注释】

① 缓急:指紧急情况。

② 阴符:古代军中传递情报的一种重要技术手段。符以铜、竹、木等制成,上面刻有花纹,一分为二,以花纹或尺寸长短为符号,达到秘密传递情报的目的。

③ 稽留:滞留。

【大意】

武王问太公说:"将帅领军深入敌境时,如果全军突然遭遇紧急的情况,或者对我有利,或者对我不利,我想从近处通知远方,从国内策应国外,以支援全军的需要,应该怎么做呢?"

太公答道:"作为君主,可以在主帅领命出征时,将兵符密授之。兵符共分八种:有我军大获全胜、全歼敌军的兵符,长度为一尺;有击破敌军、擒获敌将的兵符,长度为九寸;有敌军投降,占领敌人城邑的兵符,长度为八寸;有击退敌军,通报战况的兵符,长度为七寸;有警告民众必须坚守的兵符,长度为六寸;有请求补给粮草、增加兵力的兵符,长度为五寸;有报告大军失败、将领阵亡的兵符,长度为四寸;有报告战斗失利、士卒伤亡的兵符,长度为三寸。凡是奉命传递兵符的人,如果延误了时间,泄露军机,报告的和泄密的,都一律处死。这八种阴符,由君主和主帅秘密掌握,是一种用来暗中传递情报,而不泄露朝廷和战场机密的通信手段。这样,即使敌人有十分高明的智慧,也无法识破其中的奥秘。"

武王说:"您说得太好了!"

阴 书

【原文】

武王问太公曰:"引兵深入诸侯之地,主、将欲合兵①,行无穷之变,图不测之利,其事烦多,符不能明,相去辽远②,言语不通,为之奈何?"

太公曰:"诸有阴事③大虑,当用书不用符。主以书遗将,将以书问主,皆'一合而再离,三发而一知'。'再离'者,分书为三部;'三发而一知'者,言三人,人操一分,相参而不相知情也,此谓阴书④。敌虽圣智,莫之能识。"

武王曰:"善哉!"

【注释】

① 合兵:指不同部队配合作战。
② 辽远:遥远。
③ 阴事:机密的大事。
④ 阴书:古代秘密通信的一种方法,比阴符所传递的消息更具体一些。

【大意】

武王问太公说:"率领军队深入敌国境内作战,国君与主帅想要使不同部队配合作战,根据敌情进行灵活调动,谋求出其不意的制胜之道。但情况比较复杂,用阴符很难把问题说清楚,彼此相距又比较遥远,信息不便传递。在这种情况下,应该怎么办呢?"

太公回答道:"所有机密大事,都应该用阴书,而不要用阴符。君主用阴书向主帅传达命令和指示,主帅用阴书向君主汇报和请示,这种阴书都是'一合而再离,三发而一知'。所谓'再离',就是把一封书信分为三个部分而成为三封信;所谓'三发而一知',就是派三个人去送信,每人只送其中的一部分,这样相互交叉,即使送信的人也不知道书信的全部内容,这就叫'阴书'。这样一来,即使敌人再聪明,也不能识破其中的秘密。"

武王说:"您所说的真是太高明了!"

军 势

【原文】

武王问太公曰："攻伐之道奈何？"

太公曰："势①因敌家之动，变生于两陈之间，奇正发于无穷之源。故至事不语，用兵不言。且事之至者，其言不足听也；兵之用者，其状不足见也。倏②而往，忽而来，能独专而不制者，兵也。

"夫兵，闻则议，见则图，知则困，辨则危。故善战者，不待张军③；善除患者，理于未生④；善胜敌者，胜于无形；上战，无与战。故争胜于白刃之前者，非良将也；设备于已失之后者，非上圣也；智与众同，非国师也；技与众同，非国工⑤也。

"事莫大于必克，用莫大于玄默⑥，动莫神于不意，谋莫善于不识。夫先胜者，先见弱于敌而后战者也，故事半而功倍焉。

"圣人征⑦于天地之动，孰知其纪？循阴阳之道而从其候⑧，当天地盈缩⑨，因以为常。物有死生，因天地之形。故曰，未见形而战，虽众必败。

"善战者，居之不扰，见胜则起，不胜则止。故曰：无恐惧，无犹豫。用兵之害，犹豫最大。三军之灾，莫过狐疑。善者见利不失，遇时不疑。失利后时，反受其殃。故智者从之而不释⑩，巧者一决而不犹豫。是以疾雷不及掩耳，迅电不及瞑目。赴之若惊，用之若狂，当之者破，近之者亡，孰能御之？

"夫将：有所不言而守者⑪，神也；有所不见而视者，明也。故知神明之道者，野无衡敌，对无立国。"

武王曰："善哉！"

【注释】

① 势：底本作"资"，疑有误，今据《武经七书汇解》进行校改。

② 倏（shū）：忽然，形容速度极快。

③ 张军：排兵布阵。张，摆开，展开。

④ 理于未生：即防患于未然。理，治理，处理。

⑤ 国工：一国的能工巧匠。

⑥ 玄默：保持沉默，即保守秘密，隐藏自己的企图。

⑦ 征：应验，验证。

⑧ 候：征候，征兆。

⑨ 天地盈缩：指月亮或盈或亏、日夜或长或短等天地之间的自然现象。

⑩ 释：放弃。

⑪ 不言：无法说出的玄理。守：坚守。

【大意】

武王问太公说："攻伐作战之道应遵循哪些原则呢？"

太公答道："作战的态势要根据敌军的行动而做出相应的

决定，战术的变化取决于敌我双方临阵对垒的情况，奇正之间的运用，主要来自将帅无穷的智慧。所以，最重大的机密不能泄露，用兵的谋略亦不可言传。况且机密的大事都极为重要，只能隐藏在心中，而不能随意表现和谈论。军队的部署和运用一定要隐秘，千万不可暴露于敌。忽然而去，忽然而来，使主帅能够独断专行而不受制于人，这就是用兵之道。

"敌人听说我军举兵前去攻伐，必然会商议应对之策；敌人发现我军的行动，必然会对我军有所图谋；敌人了解我军企图，必然会想办法使我军陷入困境；敌人摸清我军规律，必然会让我军陷入危险的境地。所以，善于用兵的将帅，在排兵布阵之前就已经取胜；善于消除祸患的将帅，能够做到防患于未然；善于打胜仗的将帅，能够在无形之中取得胜利。最高明的作战方法是，能够兵不血刃而使敌人屈服。所以说，经过刀光剑影进行殊死相搏而取胜的，算不上良将；等到失败之后再来设置防御的，算不上至圣；智慧与普通人相同的，算不上国师；技艺与一般人相同的，算不上国工。

"用兵最重要的莫过于攻无不克，作战最重要的莫过于严守机密，出兵最重要的莫过于出其不意，计谋最重要的莫过于鬼神莫测。凡是还没有开战就能够取得胜利的，都是先向敌人示弱，然后再进行决战。这样就能够取得事半功倍的效果。

"圣人通过对天地的变化进行观察，反复探索天地间的运行规律，根据日月的运行、季节的变化、昼夜的长短等自然变化规律，推断出事物变化的普遍规则。万物的生死消长，取决于天地的变化。所以说，没有弄清战争的形势就贸然开战的，虽然军队众多，最后也一定会失败。

"善于统兵作战的人,在形势不利于自己的情况下,能够按兵而静待时机,不会被假象所干扰;等到形势对我有利时,就发起进攻,从而取得胜利。如果没有获胜的把握,就停止进攻。所以,指挥作战时,千万不要恐惧,也不要犹豫。用兵最大的害处,莫过于犹豫;军队最大的灾难,莫过于将帅的狐疑。善于作战的人,看到有利的时机决不放过,遇到有利的战机时也决不迟疑。否则,一旦失去了有利条件,错过了有利战机,就会遭受灾祸。所以,明智的将帅一旦抓住了战机,就决不放过;机智的将帅一旦做出决定,就决不迟疑。行动起来像迅雷一样使人不及掩耳,像闪电一样使人不及闭目。全军勇往直前,有如惊马奔驰;冲锋陷阵,有如狂风迅猛。阻挡它的就被击破,靠近它的都被消灭。这样勇猛的军队,还有谁能抵抗得住呢?

"将帅对一般人说不出的玄理加以坚守,可称为神;一般人发现不了的规律他发现了,可称为明。所以,只要掌握了神明的道理,在战场上就不会碰到势均力敌的对手,天下也就没有敢于与之作对的敌国。"

武王说:"您说得真是太好了!"

奇 兵

【原文】

武王问太公曰："凡用兵之道，大要何如？"

太公曰："古之善战者，非能战于天上，非能战于地下，其成与败，皆由神势①。得之者昌，失之者亡。

"夫两陈之间，出甲陈兵，纵卒乱行者，所以为变也；深草蓊翳者②，所以逃遁也；谿谷险阻者，所以止车御骑也；隘塞山林者，所以少击众也；坳泽窈冥③者，所以匿其形也；清明无隐者，所以战勇力也；疾如流矢、如发机者，所以破精微④也；诡伏设奇，远张诳诱者，所以破军擒将也；四分五裂者，所以击圆破方也；因其惊骇者，所以一击十也；因⑤其劳倦暮舍者，所以十击百也；奇伎者，所以越深水、渡江河也；强弩长兵者，所以逾水战也；长关远候⑥，暴疾谬遁⑦者，所以降城服邑也；鼓行喧嚣者，所以行奇谋也；大风甚雨者，所以搏前擒后也；伪称敌使者，所以绝粮道也；谬号令与敌同服者，所以备走北也；战必以义者，所以励众胜敌也；尊爵重赏者，所以劝用命也；严刑罚者，所以进罢怠也；一喜一怒，一与一夺，一文一武，一徐一疾者，所以调和三军，制一臣下也；处高敞者，所以警守也；保阻险者，所以为固也；山林茂秽者，所以默往来也；深沟高垒，粮多者，所以持久也。

"故曰,不知战攻之策,不可以语敌;不能分移⑧,不可以语奇;不通治乱,不可以语变。故曰:将不仁,则三军不亲;将不勇,则三军不锐;将不智,则三军大疑;将不明,则三军大倾⑨;将不精微,则三军失其机;将不常戒,则三军失其备;将不强力,则三军失其职。故将者,人之司命,三军与之俱治,与之俱乱。得贤将者,兵强国昌,不得贤将者,兵弱国亡。"

武王曰:"善哉!"

【注释】

① 神势:神妙莫测的战争态势。

② 蓊翳(wěng yì):草木茂盛的样子。

③ 坳(ào)泽窈冥(yǎo míng):指低洼昏暗的水泽地带。

④ 精微:指敌人的精妙布局。

⑤ 因:乘机。

⑥ 长关远候:指在边远地区设立关卡与哨所。

⑦ 暴疾谬遁:指行动迅速,假装退兵。

⑧ 分移:指灵活机动地分散与整合兵力。

⑨ 倾:倒下,倾覆。引申为溃败。

【大意】

武王问太公说:"用兵之道,一般需要掌握哪些要领?"

太公答道:"古代那些善于用兵作战的人,并不是通晓一切,上天入地无所不能。用兵的成功与失败,完全取决于能否造成出其不意的态势。能够造成这种态势,就能够在战争中取得胜利；不能造成这种态势，那就要面临失败了。

"当两军对阵，相持不下时，我方主动卸下铠甲，扔下武器，放纵士兵，使队形混乱，是为了制造假象以迷惑敌人；占领草木茂盛地方，是为了便于隐蔽和撤退；占领溪谷险阻的地形，是为了阻止敌人兵车与骑兵的行动；占领险隘关塞的山林地区，是为了以少胜多；占领低洼昏暗的水泽地带，是为了隐蔽军队的行动；占领平坦开阔地区，是为了与敌人进行硬碰硬的较量；行动快如飞箭，攻击猛如发机，目的是以迅雷不及掩耳之势打破敌人精深微妙的计谋；巧妙设伏，布置奇兵，虚张声势，诱骗敌人，是为了击破敌军，擒获敌军的将帅；四面出击，全面进攻，是为了打破敌人的方圆阵形；趁敌人惊慌失措时发起进攻，是为了达到以一击十的效果；趁敌人疲劳不堪、夜晚宿营时实施突袭，是为了达到以十击百的效果；利用奇妙的技术架桥造船，是为了使大军顺利越过深水，渡过大河；使用强弩和较长的兵器，是为了便于渡河作战；在边远的地区设立关卡，派出精干的侦察人员，不拘常法，进行快速侦探，是为了攻下敌人的城池和占领敌人的土地；故意大声鼓噪，喧嚣地前进，是为了扰乱敌人的耳目，施行奇谋妙策；趁着大风暴雨展开行动，是为了前后夹击；冒称敌人的使者潜入敌后，是为了切断敌人的粮道；打着敌军的旗号，穿着敌军服装，是为了便于准备撤退；作战时对官兵晓之以大义，是为了激发军队的士气，一鼓作气战胜敌人；对有功之人给予加官进爵，是为了激励官兵，使之奋勇效命；对有罪的人进行重罚，是为了促使疲惫的将士坚持战斗。有喜有怒，有赏有罚，有礼有威，有慢有快，是为了协调全军意志，统一部署，统一行动。占领高大而又视野开阔的地形，是为了利于警戒和守备；保守险隘要地，是为了稳固我军的防御；占领深山林密地区，是为了隐蔽军队的行动；深挖壕沟，高筑壁垒，多储粮秣，是为了做好打持久战的准备。

"所以说，军中的主帅如果不懂得攻战的策略，对敌作战也就无从谈起；不会灵活调动兵力，就谈不上出奇制胜；不通晓军队治乱的关系，就不可能做到随机应变。将帅不仁慈，军队就不会得到拥护；将帅不勇敢，军队就不可能有战斗力；将帅不机智，军队就会产生疑惑和恐惧；将帅不精明，军队就会遭到溃败；将帅考虑问题不周详，军队就会失去战机；将帅缺乏警惕性，军队就会疏于防范和戒备；将帅领导不力，全军就会玩忽职守。所以，将帅是军队的主宰，将帅严整，军队就会整齐有序；将帅无能，军队就会混乱不堪。得到了贤明精干的将帅，军队就会强大，国家因此昌盛；没有贤明精干的将帅，军队就会衰弱，国家因此危亡。"

武王说："您说得太对了！"

五 音

【原文】

武王问太公曰:"律音①之声,可以知三军之消息,胜负之决乎?"

太公曰:"深哉!王之问也。夫律管十二②,其要有五音:宫、商、角、徵、羽③,此其正声也,万代不易。五行④之神,道之常也,可以知敌。金、木、水、火、土,各以其胜攻之。

"古者三皇⑤之世,虚无⑥之情,以制刚强。无有文字,皆由五行。五行之道,天地自然。六甲⑦之分,微妙之神。

"其法:以天清净,无阴云风雨,夜半,遣轻骑往至敌人之垒,去九百步外,偏持律管当耳,大呼惊之,有声应管,其来甚微。角声应管,当以白虎⑧;徵声应管,当以玄武⑨;商声应管,当以朱雀⑩;羽声应管,当以勾陈⑪;五管声尽不应者宫也,当以青龙⑫。此五行之符,佐胜之征,成败之机。"

武王曰:"善哉!"

太公曰:"微妙之音,皆有外候。"

武王曰:"何以知之?"

太公曰:"敌人惊动则听之。闻枹鼓之音者,角也;见火光者,徵也;闻金铁矛戟之音者,商也;闻人啸呼之音者,羽也;寂寞无闻者,宫也。此五者,声色之符也。"

【注释】

① 律音：指六律、五音。"律"是一种管状器物，用来校正乐音标准。按照管的长短，从低音算起，成奇数的六个管叫作律，称为六律。五音，指宫、商、角、徵、羽五个音阶。

② 律管十二：古代正音的乐器，用竹、玉或铜制成，共十二管。各管按音阶由低到高依次为黄钟、大吕、太簇、夹钟、姑洗、仲吕、蕤宾、林钟、夷则、南吕、无射、应钟。

③ 宫、商、角、徵（zhǐ）、羽：古代的五个音阶。阴阳五行家以五音配五行，宫属土，商属金，角属木，徵属火，羽属水。

④ 五行：即金、木、水、火、土等五种物质。古人认为大自然是由这五种要素所构成的，这五个要素的盛衰，使得大自然产生变化，同时也使宇宙万物循环不已。五行既相生，也相克，其相生为：水生木，木生火，火生土，土生金，金生水；相克为：金克木，木克土，土克水，水克火，火克金。五行中的任何一种，都与其他四种有关系，比如水生木、克火，又被金所生、被土所克。

⑤ 三皇：传说中远古的三位杰出的帝王。但具体是哪三位，却说法不一，有的认为是伏羲、神农和祝融，有的认为是伏羲、神农和黄帝。

⑥ 虚无：清净无为，无为而无不为。是道家的一种政治哲学思想。

⑦ 六甲：古代用天干与地支相配计算时日，其中以甲子、甲戌、甲申、甲午、甲辰、甲寅这六个以甲为首的干支称为"六甲"。

⑧ 白虎：古代天文学把黄道上的恒星分为二十八个星座，即所谓的二十八宿。白虎本是西方七宿的合称，又用以代指西

方，因西方属金，所以五行家又以白虎为金之神。

⑨ 玄武：本是北方七宿的合称，又用以代指北方。因北方属水，所以五行家又以玄武为水之神。

⑩ 朱雀：本是南方七宿的合称，又用以代指南方。因南方属火，所以五行家又以朱雀为火之神。

⑪ 勾陈：古代天文学所定的一个星座，包括六颗恒星，勾陈即北极星。从地球上看，北极星位置不变，为群星所环绕，因此又代指中央。因中央属土，所以五行家又以勾陈为土之神。

⑫ 青龙：本是东方七宿的合称，又用以代指东方。因东方属木，所以五行家又以青龙为木之神。

【大意】

武王问太公说："从律管所发出的声乐中，可以判断出三军力量的消长，并预测战争的胜负吗？"

太公回答道："大王所问的这个问题真是太深奥了。律管一共有十二个音阶，其中主要的有五个，也就是宫、商、角、徵、羽。这是最基本的，也是最纯正的声音，千秋万代都不会改变。五行之间的相生相克，更是无比神妙，这是天地变化的自然规律，据此可以预测敌军的基本情况。金、木、水、火、土五行，都是以相互生克而取胜，并根据这个规律去攻击对手！

"古代三皇的时代，崇尚清净无为，以虚无克制刚强。由于当时还没有文字，所以一切事情都按照五行的相生相克去实行。五行相生相克的原理，就是天地变化的自然规律。六甲在分合之间，体现出了最微妙的神机。

"在对五音和五行的实际运用中,也需要遵循原则,具体方法是:在天朗气清、没有阴云和风雨的夜晚时分,派出轻骑前往敌人的营垒,在距离敌营九百步以外的地方停下来,手拿律管对着耳朵,向敌军的营垒大声疾呼,以惊动敌军。这时,来自敌方的回声就会反应于律管中,当然这回声比较微弱。如果是角声反于律管中,就应当根据白虎所代表的方位,从西边对敌人进行攻击;如果是徵声反应于律管中,就应当根据玄武所代表的方位,从北边对敌人进行攻击;如果是商声反应于律管中,就应当根据朱雀所代表的方位,从南边对敌人进行攻击;如果是羽声反应于律管中,就应当根据勾陈所代表的方位,从中央对敌人进行攻击;如果所有律管都没有回声,那是宫声的反应,这时应当根据青龙所代表的方位,从东边对敌人进行攻击。所有这些,就是五行相生相克的验证,是辅佐制胜的征兆,同时成了决定胜败的关键。"

武王说:"真是太妙了!"

太公说:"这些微妙的音律,都有一些外在的征兆。"

武王问:"那怎样才能知道这些音律所传递出的征兆呢?"

太公说:"当敌人被我方惊动时,就仔细观察他们的反应。如果听到的是鼓声,就是角声的反应;如果见到火光,就是徵声的反应;如果听到金铁矛戟等各种兵器声,就是商声的反应;如果听到敌人的呼叫声,就是羽声的反应;如果寂静无声,就是宫声的反应。这五种音律与外界的动静是相互对称,也是互相应和的。"

兵 征

【原文】

武王问太公曰:"吾欲未战先知敌人之强弱,豫见胜负之征,为之奈何?"

太公曰:"胜负之征,精神①先见。明将察之,其败在人。谨候敌人出入进退,察其动静,言语妖祥②,士卒所告。

"凡三军悦怿,士卒畏法,敬其将命;相喜以破敌,相陈以勇猛,相贤以威武,此强征也;三军数惊,士卒不齐,相恐以敌强,相语以不利,耳目相属,妖言不止,众口相惑,不畏法令,不重其将,此弱征也。

"三军齐整,陈势已固,深沟高垒,又有大风甚雨之利;三军无故③,旌旗前指,金铎之声扬以清,鼙鼓之声宛以鸣,此得神明之助,大胜之征也;行陈不固,旌旗乱而相绕,逆大风甚雨之利,士卒恐惧,气绝而不属④,戎马惊奔,兵车折轴,金铎之声下以浊,鼙鼓之声湿如沐,此大败之征也。

"凡攻城围邑,城之气色如死灰⑤,城可屠;城之气出而北,城可克;城之气出而西,城必降;城之气出而南,城不可拔;城之气出而东,城不可攻;城之气出而复入,城主⑥逃北;城之气出而覆我军之上,军必病;城之气出高而无所止,用日长久。凡攻城围邑,过旬不雷不雨,必亟去之，城必有大辅。此所以知可攻而攻，不可攻而止。"

武王曰："善哉！"

【注释】

① 精神：指人的精神面貌。

② 妖祥：即吉凶。

③ 无故：无缘无故，指不待命令而行动。

④ 不属：指士气低落、涣散。

⑤ 死灰：灰白色。

⑥ 城主：守城军队的主将。

【大意】

武王问太公说："我想在开战之前就先知道敌军的强弱，以便预测一下战争的胜负如何，应该怎么办呢？"

太公答道："战争胜败的征兆，首先会在敌人的精神面貌上表现出来。精明的将帅能够觉察到这一点，但能否利用这些征兆真正打败敌人，主要还是在于人的主观努力。对敌人出入进退的情况进行周密侦察，以观察他们的动静；通过了解士卒们在言谈话语中议论的事情，以判断各种信息的吉凶。

"凡是全军上下显得十分愉悦，士卒对军纪法令十分畏惧，尊重将帅所发布的各项命令，相互以攻破敌人为喜，相互以勇猛顽强为荣，相互以威武雄壮为誉，这是军队具有强大战斗力的征兆；如果全军上下经常受到惊动，士卒散乱，军容不整，容易被敌人的强悍所吓倒，相互传播一些对作战不利的消息，相互之间议论纷纷，军中谣言四起而不能制止，互相疑惑，不畏惧军纪法令，不尊重将帅，这是军队没有战斗力的征兆。

"全军步调一致，整齐有序，阵营坚固，沟深垒高，又凭借狂风暴雨的有利气候条件，三军不待命令，就将军旗指向前方，金铎之声高昂而清晰，军鼓之声婉转而嘹亮，这是军队得到神明相助，将会取得大捷的征兆；全军阵形不稳，旌旗纷乱，所指的方向不明，又遇到大风大雨的不利气候条件，士卒惊恐不安，士气低落而涣散，战马受惊而乱奔，战车轴木折断，金铎之声低沉而浑浊，军鼓因被淋湿而声音显得沉闷压抑，这是大败的征兆。

"凡是围攻城池，应事先仔细观察城池之上的云气：如果城上的云气是死灰之色，说明这座城池可以被毁灭；如果城上的云气飘出之后向北流动，说明这座城池可以被攻克；如果城上的云气飘出之后向西流动，说明守城的将士可能会投降；如果城上的云气飘出之后向南流动，说明该城坚不可拔；如果城上的云气飘出之后向东流动，说明该城不可进攻；如果城上云气飘出之后又进去，说明守城主将必定会败北逃亡；如果城上云气飘出之后将我军覆盖，说明我军将会遭遇不利；如果城上的云气高升而不停止，说明这场战争一定会历时长久。凡是围攻城邑，如果过了十天还不打雷下雨，那就应该迅速撤兵，因为城中一定有贤能之人辅助。明白了这些之后，也就知道什么时候该进攻，什么时候该撤退的奥秘了。"

武王说："您说得真好啊！"

农 器

【原文】

武王问太公曰:"天下安定,国家无事,战攻之具可无修乎?守御之备可无设乎?"

太公曰:"战攻守御之具尽在于人事:耒耜①者,其行马、蒺藜②也;马牛车舆者,其营垒、蔽橹也;锄、耰③之具,其矛戟也;蓑薜、簦、笠④者,其甲胄干楯也;镢、锸、斧、锯、杵、臼,其攻城器也;牛马所以转输粮用也;鸡犬其伺候也;妇人织纴,其旌旗也;丈夫平壤,其攻城也;春铍⑤草棘,其战车骑也;夏耨⑥田畴,其战步兵也;秋刈禾薪,其粮食储备也;冬实仓廪,其坚守也;田里相伍,其约束符信⑦也;里有吏,官有长,其将帅也;里有周垣⑧,不得相过,其队分也;输粟收刍⑨,其廪库也;春秋治城郭,修沟渠,其堑垒也。

"故用兵之具,尽在于人事也。善为国者,取于人事。故必使遂其六畜,辟其田野,安其处所,丈夫治田有亩数,妇人织纴有尺度。此富国强兵之道也。"

武王曰:"善哉!"

【注释】

① 耒耜(lěi sì):古代耕地翻土的农具。耒为柄,耜是下

端起土的部分，其形状与犁比较相似。

②行马：即拒马。是一种木制的可以移动的障碍器材。蒺藜（jí lí）：原是指一年生或多年生的草本植物，果实上有很多刺。这里指的是一种铁制的带有尖刺的障碍物，形如蒺藜，用以阻碍通道，防止敌军入侵。

③耰（yōu）：古代的一种农具，主要用来弄碎土块，平整田地。

④蓑薛簦笠：蓑薛，用草编成的雨衣。簦（dēng），古代一种有柄的笠，相当于现在的雨伞。笠，即斗笠，戴在头上。这些都是遮蔽风雨的器具。

⑤钹（pō）：古代的一种农具，两边有刃，装有长木柄，用于割草。

⑥耨（nòu）：小手锄。用于除草。

⑦符信：通行的凭证，有符有节。

⑧周垣：围墙，城墙。

⑨刍：喂牛马的草料。

【大意】

武王问太公说："天下安定，国家太平，没有战事之后，对于战争的武器，是不是就可以不用准备了呢？对于防守御敌的设施，是不是也可以不用修建了呢？"

太公答道："战争时所用的进攻及防御武器，实际上都存在于百姓日常生产和生活中。平常用于耕作的耒耜，可用作拒马、蒺藜等障碍物；马车和牛车，可以用作营垒和大盾牌等屏障器材；锄耰等农具，可以用作战争时的矛戟；蓑衣、雨伞、斗笠等遮蔽风雨的器具，可以用作战斗时的盔甲和盾牌；大锄、锹铣、斧子、锯子、杵臼可以用作攻城的武器；牛马可用来运送军粮；鸡犬可用来报时和警戒；妇女纺织出来的布帛，可以用来制作战旗；男子平常用来平整土地的技术，可以用于攻城作业；春天时用于割草除棘的方法，可以用来对付敌军的战车和骑兵；夏天时耘田锄草的方法，可以用来对付敌军步兵；秋天收割的庄稼柴草，可以用作备战的粮秣；冬天储存粮食，填满粮仓，就是为战争发生时，做好长期坚守的准备；同村同里的人，平时相编为伍，就是战争发生时军队编组和管理的依据；每里设有长吏，官府有长，战争发生时就可以充任军队的军官；每里之间修筑围墙，平时不得逾越，战争发生时，就等于是军队的驻地区分；运输粮食、收割饲料这些活动，战争发生时就是军队的后勤储备；春秋两季修筑城郭，疏通沟渠，就如同战时修治壁垒沟壕一样。

"作战时所需要的武器，全都在平时的生产活动之中。而善于治理国家的人，没有不重视农事的。所以必须使百姓大力繁殖六畜，开垦田地，安居乐业；必须使男子种田达到一定的亩数，使女人纺织达到一定的尺度。这就是所谓的富国强兵之道。"

武王说："您说得太好了！"

卷四 虎韬

军　用

【原文】

武王问太公曰："王者举兵，三军器用，攻守之具，科品①众寡，岂有法乎？"

太公曰："大哉！王之问也。夫攻守之具，各有科品，此兵之大威也。"

武王曰："愿闻之。"

太公曰："凡用兵之大数，将甲士万人，法用武冲大扶胥②三十六乘，材士③强弩矛戟为翼，一车二十四人推之。以八尺车轮，车上立旗鼓。兵法谓之震骇，陷坚陈，败强敌。

"武翼大橹矛戟扶胥④七十二具，材士强弩矛戟为翼，以五尺车轮，绞车连弩⑤自副。陷坚陈，败强敌。

"提翼小橹扶胥⑥一百四十四具，绞车连弩自副，以鹿车轮。陷坚陈，败强敌。

"大黄参连弩大扶胥⑦三十六乘，材士强弩矛戟为翼。飞凫、电影⑧自副。飞凫赤茎白羽，以铜为首；电影、青茎赤羽，以铁为首。昼则以绛缟⑨，长六尺，广六寸，为光耀；夜则以白缟，长六尺，广六寸，为流星。陷坚陈，败步骑。

"大扶胥冲车三十六乘，螳螂武士⑩共载，可以击纵横，可以败敌。

"辎车骑寇⑪，一名电车⑫，兵法谓之电击。陷坚陈，败步骑寇夜来前。

"矛戟扶胥轻车⑬一百六十乘，螳螂武士三人共载，兵法谓之霆击。陷坚陈，败步骑。

"方首铁棓维朌⑭，重十二斤，柄长五尺以上，千二百枚，一名天棓。大柯斧⑮，刃长八寸，重八斤，柄长五尺以上，千二百枚，一名天钺。方首铁锤，重八斤，柄长五尺以上，千二百枚，一名天锤。败步骑群寇。飞钩⑯长八寸，钩芒长四寸，柄长六尺以上，千二百枚，以投其众。

"三军拒守，木螳螂剑刃扶胥⑰，广二丈，百二十具，一名行马。平易地，以步兵败车骑。木蒺藜⑱，去地二尺五寸，百二十具。败步骑，要穷寇，遮走北。轴旋短冲矛戟扶胥⑲百二十具，黄帝所以败蚩尤氏⑳。败步骑，要穷寇，遮走北。狭路微径，张铁蒺藜，芒高四寸，广八寸，长六尺以上，千二百具，败步骑。突瞑[21]来前促战，白刃接，张地罗[22]，铺两镞蒺藜，参连织女[23]，芒间相去二寸，万二千具。旷野草中，方胸铤矛[24]，千二百具，张铤矛法，高一尺五寸。败步骑，要穷寇，遮走北。狭路微径地陷，铁械锁参连，百二十具。败步骑，要穷寇，遮走北。

"垒门拒守，矛戟小橹十二具，绞车连弩自副。三军拒守，天罗虎落[25]锁连，一部广一丈五尺，高八尺，百二十具。虎落剑刃扶胥，广一丈五尺，高八尺，五百二十具。

"渡沟堑飞桥[26]，一间广一丈五尺，长二丈以上，着转关辘轳，八具，以环利通索张之。渡大水飞江[27]，广一丈五尺，长二丈以上，八具，以环利通索张之。天浮[28]铁螳螂，矩内圆外，径四尺以上，环络自副，三十二具。以天浮张飞江，济大海，谓之天潢，一名天舡[29]。

"山林野居，结虎落柴营，环利铁索，长二丈以上，千二百枚。环利大通索大四寸，长四丈以上，六百枚。环利中通索大二寸，长四丈以上，二百枚。环利小微缧长二丈以上，万二千枚。

"天雨盖重车上板，结枲鉏铻[30]，广四尺，长四丈以上，车一具，以铁杙[31]张之。

"伐木大斧，重八斤，柄长三尺以上，三百枚。棨钁[32]，刃广六寸，柄长五尺以上，三百枚。铜筑固为垂，长五尺以上，三百枚。鹰爪方胸铁杷，柄长七尺以上，三百枚。方胸铁叉，柄长七尺以上，三百枚。方胸两枝铁叉，柄长七尺以上，三百枚。芟[33]草木大镰，柄长七尺以上，三百枚。大橹刀，重八斤，柄长六尺，三百枚。委环铁杙，长三尺以上，三百枚。桴杖大锤，重五斤，柄长二尺以上，百二十具。

"甲士万人，强弩六千，戟楯二千，矛楯二千。修治攻具、砥砺㉞兵器巧手三百人。此举兵军用之大数也。"

武王曰："允哉！"

【注释】

① 科品：种类，品类。

② 武冲大扶胥：装备有大盾牌的大型战车。扶胥，战车的别名。

③ 材士：武艺高强而又勇猛的战士。

④ 武翼大橹矛戟扶胥：一种装备有大盾牌和矛戟的大型战车。

⑤ 绞车连弩：一种用绞车张弓，能连续发射箭矢的强弩。

⑥ 提翼小橹扶胥：装备有小盾牌的小型战车。

⑦ 大黄参连弩大扶胥：装备有大黄参连弩的大型战车。大黄，一种强弩的名称。参连弩，能够连续击发的强弩。

⑧ 飞凫（fú）、电影：两种旗帜的名称。

⑨ 绛缟：深红色的绢。

⑩ 螳螂武士：骁勇善战的武士。

⑪ 辎车骑寇：轻快的车骑部队。

⑫ 电车：行动起来快如闪电的战车。

⑬ 矛戟扶胥轻车：一种配备有矛戟的轻型战车。

⑭ 方首铁棓维盼：一种大方头的铁棒。棓（bàng），同"棒"。盼，同"颁"，大头的意思。

⑮ 大柯斧：长柄斧子。柯，斧柄。

⑯ 飞钩：古代的一种兵器，与剑相似，但形体弯曲，可用来钩取敌人。

⑰ 木螳螂剑刃扶胥：一种用以拒守的木制战车，形似螳螂，车上有剑刃向外。

⑱ 木蒺藜：用木材制成的一种形如蒺藜的有刺障碍物。

⑲ 轴旋短冲矛戟扶胥：一种配备有冲角矛戟而且可以旋转的战车。

⑳ 蚩尤氏：传说中九黎族的首领，勇猛善战，后在与黄帝争夺中原的战争中兵败被杀。

㉑ 突暝：在天色黑暗时进行突然袭击。

㉒ 地罗：即地网。

㉓ 参连织女：将蒺藜连缀在一起而形成的障碍物。织女，本是一种类似蒺藜的草，这里指一种带有尖刺的障碍物。

㉔ 方胸铤（chán）矛：一种齐胸高的小矛。铤，即短柄小矛。

㉕ 天罗虎落：一种障碍物。天罗，缀有蒺藜的网。虎落，竹篱。

㉖ 飞桥：一种可以折叠的桥或壕桥。

㉗ 飞江：一种可以济渡江河的浮桥。

㉘ 天浮：一种浮游器材。

㉙ 天舡（chuán）：渡河工具名。

㉚ 结枲（xǐ）鉏（jǔ）铻（yǔ）：用麻编织的盖车篷布，用以防止漏雨。

㉛ 铁杙（yì）：指铁桩或钉子一类的东西。杙，橛，桩子。

㉜ 䇞钁（qǐ jué）：一种大锄头。

㉝ 芟（shān）：割草，引申为除去。

㉞ 砥砺：磨刀石，这里指磨快、磨利。

【大意】

武王问太公道："君王出兵作战，军队所需的武器装备和攻守用的器械，其种类的区分和数量多少，是不是有一定的标准呢？"

太公答道："您所问的的确是一个大问题啊！攻守器械的种类和数量，各有不同，这是关系到军队威力和强弱的大问题。"

武王说："我想听听具体的内容。"

太公说："只要是用兵作战，武器装备就必须有个大概的标准。统率兵甲万人，所需的武器装备的标准是：名为武冲大扶胥的战车三十六辆，以武艺高强而又勇猛的战士使用强弩、矛、戟在两旁护卫，每辆车用二十四人推行。其车轮的高度为八尺，车上竖有军旗，并备有战鼓。兵法上把这种战车叫作震骇，可以用它来攻破坚固的军阵，击败强敌。

"需要名为'武翼大橹矛戟扶胥'的战车七十二辆，以武艺高强而又勇猛的战士使用强弩、矛、戟为两翼护卫。其车轮高五尺，车上设用绞车发射的连弩，可以用它来攻破坚固的阵地，击败强敌。

"需要名为'提翼小橹扶胥'的战车一百四十辆，车上设有用绞车发射的连弩。这种车装有独轮，可以用它来攻破坚固的阵地，击败强敌。

"需要名为'大黄参连弩大扶胥'的战车三十六辆，以武艺高强而勇猛的武士使用强弩、矛、戟在两旁护卫，车上设有'飞凫'和'电影'两种旗帜。飞凫用红色的竿、白色的羽，用铜做旗杆头；电影用青色的竿、红色的羽，用铁做旗杆头。白天用红绢作旗子，其长六尺，宽六寸，名叫'光耀'；夜间用白绢作旗子，其长六尺，宽六寸，名叫'流星'。这种战车可用来攻破坚固的阵地，击败强敌。

"需要名为'大扶胥冲车'的战车三十六辆，车上装着称作'螳螂'的武士，这种车可以在战场上纵横冲击，击败强敌。

"还需要名为'辎车寇骑'的战车，这种车也叫'电车'，兵法上称其为'电击'。这种车可以用来攻破坚固的阵地，击败敌人的步兵和骑兵。

"如果敌人乘着黑夜前来偷袭，我军可用名为'矛戟扶胥轻车'的战车一百六十辆，每辆车上载有称作'螳螂'的武士三人，兵法上称为'霆击'。这种车可以用来攻破坚固的阵地，击败敌人的步兵和骑兵。

"还需要名为'方首铁棓维盼'的铁棒，这种铁棒重十二斤，柄长五尺以上，共置有一千二百把，这种武器也叫'天棓'。名为'大柯斧'的长柄斧，斧刃长八寸，重八斤，柄长五尺以上，共置有一千二百把，这种武器也叫'天钺'。方首铁锤，重八斤，柄长五尺以上，共置有一千二百把，也叫'天锤'。这些武器都可以用来击败敌人的步兵和骑兵。还需要飞钩，钩长八寸，钩尖长四寸，柄长六尺以上，共置有一千二百枚，可以用来投掷钩伤敌人。

"当军队处于防守状态时，应使用一种名为'木螳螂剑刃扶胥'的战具,每具宽两丈,共置有一百二十具,也叫'行马'。在平坦开阔的地形上,我军的步兵可以用它来阻碍敌车骑的行动。

"需要木蒺藜一百二十具,设置时要高于地面二尺五寸,可以用来阻碍敌军步兵和骑兵的行动,拦阻势穷力竭的敌人,堵截败退逃跑的敌人。

"需要名为'轴旋短冲矛戟扶胥'的战车一百二十辆,黄帝曾用这种战车打败蚩尤。我军可以用来击败敌人的步兵和骑兵,拦阻势穷力竭的敌人,堵截败退逃跑的敌人。

"在隘路、小道上,可以布下铁蒺藜。这种铁蒺藜刺长四寸,宽八寸,每具长六尺以上,共一千二百具,可用来阻碍敌军步兵和骑兵的行动。

"如果敌人乘着黑夜突然前来逼战,双方白刃相接时,我方应设下地罗,布置两镞蒺藜和名为'参连织女'的障碍物,每具芒尖相距二寸,共一万二千具。如果是在旷野深草地区作战,还应设置一千二百具名为'方胸铤矛'的障碍物。设置铤矛的方法,是使它高出地面一尺五寸。以上这些器具,可以用来击败敌人的步兵和骑兵,拦阻势穷力竭的敌人,堵截败退逃跑的敌人。

"在隘路、小道和低洼的地形上,可以张设一百二十具名为铁械锁参连的障碍物。可以用来击败敌人的步兵和骑兵,阻碍势穷力竭的敌人,堵截败退逃跑的敌人。

"守卫营门时,用十二具矛、戟和小橹,并设有绞车连弩。当军队处于防御状态时,就在营垒前设下一百二十具名为天罗虎落锁连的障碍物,每部宽一丈五尺,高八尺。同时设下五百二十具名为虎落剑刃扶胥的战车，每部宽一丈五尺，高八尺。

"当军队要跨越沟堑时，就要设置飞桥，每座飞桥宽为一丈五尺，长两丈以上，共八座，飞桥上还要设有转关辘轳，用铁环和长绳架设。当军队要横渡江河时，要使用名为'飞江'的浮桥，每座浮桥宽一丈五尺，长两丈以上，共八座，用连环锁把它们联结起来。在名为'天浮'的渡水器材中，有叫作'铁螳螂'的铁锚，内呈圆形，外径四尺以上，并用铁环和绳索联结，共需要三十二具。用天浮架设飞江，就可以横渡大河。这种渡河工具叫作'天潢'，也叫'天舡'。

"当军队在山林旷野地区安营扎寨时，应用木材结成名叫'虎落柴营'的栅寨。同时需要一千二百条铁环长绳锁链，每条长两丈以上；六百条带铁环的粗大绳索，铁环宽四寸，绳长四丈以上；二百条带铁环的中等绳索，铁环宽两寸，绳长四丈以上；一万二千条小号绳索，每条长两丈以上。

"遇到雨天时，辎重车要盖上防雨车篷，每具宽四尺，长四丈以上，每辆车配置一具，并用一种名为'铁杙'的钉子加以固定。

"需要砍伐树木用的大斧三百把，每把大斧重八斤，柄长三尺以上；需要名为'棨钁'的大锄三百把，锄刃宽六寸，柄长五尺以上；需要名叫'铜筑固'的大锤三百把，每把锤长五尺以上；需要名为'鹰爪方胸'的铁耙三百把，铁耙柄长七尺以上；需要名为'方胸铁叉'的叉竿三百把，柄长七尺以上；方胸两枝铁叉，柄长七尺以上，三百把。需要割除草木用的大镰三百把，镰柄长七尺以上；需要名为'大橹刀'的割草工具三百把，每把重八斤，柄长六尺；需要带环的铁橛三百把，每个铁橛长三尺以上；需要钉橛用的大铁锤一百二十把，每把锤重五斤，柄长二尺以上。

"一支拥有一万人的军队，需要装备强弩六千张，戟和大盾两千套，矛和盾两千套以及维修作战器材和制造武器的能工巧匠三百人。

"以上我所说的这些，就是兴兵作战时，按一万人计算所需要的武器装备的大致数目。"

武王说："您说得对呀！"

三 陈

【原文】

武王问太公曰:"凡用兵为天陈①、地陈②、人陈③,奈何?"

太公曰:"日月、星辰、斗杓④,一左一右,一向一背,此谓天陈;丘陵水泉,亦有前后左右之利,此为地陈;用车用马,用文用武,此谓人陈。"

武王曰:"善哉!

【注释】

① 天陈:依照天象排兵布阵。
② 地陈:依照地形排兵布阵。
③ 人陈:根据人事排兵布阵。
④ 斗杓:即北斗柄,指北斗七星中的第五至七星。

【大意】

武王问太公说:"用兵作战时,在排兵布阵中,有所谓天阵、地阵、人阵,是怎么回事?"

太公回答说:"根据日月、星辰、北斗星在我军左右、前后的具体位置来布阵的,就是所谓的天阵;利用丘陵水泽等地理环境,并根据地形的前后左右来布阵的,就是所谓的地阵;

根据作战时所使用的战车战马等不同的兵种，并采用文武结合的方法来布阵的，就是所谓的人阵。"

武王说："您讲得太好了！"

疾 战

【原文】

武王问太公曰:"敌人围我,断我前后,绝我粮道,为之奈何?"

太公曰:"此天下之困兵①也。暴②用之则胜,徐用之则败。如此者,为四武冲陈③,以武车骁骑惊乱其军而疾击之,可以横行。"

武王曰:"若已出围地,欲因以为胜,为之奈何?"

太公曰:"左军疾左,右军疾右,无与敌人争道,中军迭前迭后。敌人虽众,其将可走。"

【注释】

① 困兵:处于困境中的军队。
② 暴:突然,迅速勇猛。
③ 四武冲陈:一种四面以战车作为护卫,主力居中的阵法。

【大意】

武王问太公道:"如果敌人从四面八方把我军包围起来,切断我军前进与后退的道路,并断绝我军的粮道,在这种情况下应该怎么办呢?"

太公答道:"这是天下处境最困难的军队了。在这种情况下，只有采取急速突围的方式才能取得胜利，如果行动迟疑就会导致失败。突围的方法是，把军队排成四面都有警戒的'四武冲阵'阵形，使用强大的战车和勇猛的骑兵，打击震慑敌军，使敌军的阵形陷入混乱，然后我军再迅速出击，这样就可以横行无阻地突围出去了。"

武王问："当我军已经成功地突出重围之后，如果还想乘势击败敌军，又该怎么办呢？"

太公答道："这时应该以左军迅速向敌军的左翼发起攻击，以右军迅速向敌军右翼发起攻击，但不要和敌人争夺道路，以免分散兵力。同时以中军向敌军进行轮番攻击，或击其前，或抄其后。这样，敌军虽然人数众多，我们也能够将其打败。"

必 出

【原文】

武王问太公曰:"引兵深入诸侯①之地,敌人四合而围我,断我归道,绝我粮食。敌人既众,粮食甚多,险阻又固。我欲必出,为之奈何?"

太公曰:"必出之道,器械为宝,勇斗为首。审知敌人空虚之地,无人之处,可以必出。将士人持玄旗②,操器械,设衔枚,夜出。勇力、飞足、冒将之士居前,平垒③为军开道,材士强弩为伏兵居后,弱卒车骑居中。陈毕徐行,慎无惊骇。以武冲扶胥前后拒守,武翼大橹④以备左右,敌人若惊,勇力、冒将之士疾击而前,弱卒车骑以属其后,材士强弩隐伏而处。审候敌人追我,伏兵疾击其后,多其火鼓,若从地出,若从天下。三军勇斗,莫我能御。"

武王曰:"前有大水、广堑、深坑,我欲逾渡,无舟楫之备。敌人屯垒,限我军前,塞我归道,斥候常戒,险塞尽中。车骑要我前,勇士击我后,为之奈何?"

太公曰:"大水、广堑、深坑,敌人所不守,或能守之,其卒必寡。若此者,以飞江、转关与天潢以济吾军,勇力材士从我所指,冲敌绝陈,皆致其死。先燔⑤吾辎重,烧吾粮食,明告吏士,勇斗则生,不勇则死。已出者,令我踵军⑥设云火⑦远候,必依草木、丘墓、险阻,敌人车骑必不敢远追长驱。因以火为记,先出者令至火而止,为四武冲陈。如此,则吾三军皆精锐勇斗,莫我能止。"

武王曰:"善哉!"

【注释】

① 诸侯:即诸侯国,由天子所封。这里指敌对的、要进行征伐的国家。

② 玄旗:黑色的旗帜。

③ 平垒:攻占敌军的营垒。

④ 武翼大橹:一种防御型的战车。

⑤ 燔(fán):焚烧。

⑥ 踵军:后援部队。

⑦ 云火:烟火,形容火光很大,升入云端。

【大意】

武王问太公说:"统率军队深入敌国境内,敌人从四面把我军包围起来,切断我军的退路,断绝我军的粮道。而敌军人数众多,粮食又充足,并占领了险要的地形,防御坚固。我想突围而出,应该怎么办呢?"

太公答道:"要想突出敌人的重重包围,拥有精良的武器装备至关重要,而将士的奋勇战斗则是首要。在突围之前,我军应仔细查明敌人兵力薄弱的地方,然后在无人防守的地方,乘虚出击,就可以突出包围。突围的部署是:将士们都拿着黑色的旗帜,手持武器,口中衔枚,趁着黑夜行动。先派遣那些勇猛顽强、行动敏捷、敢于冒险犯难的将士担任先锋,迅速攻占敌人的一些营垒,为我方大军打开通道;然后安排那些武艺高强而勇敢的武士使用强弩,作为伏兵,隐匿在后面掩护大部队撤退;让那些老弱的士卒和车骑走在中间。部署完毕之后,就等待行动的时机了,一定要沉着、谨慎,不要慌乱,可使用武冲扶胥的战车在前后护卫,用武翼大橹的战车在左右掩护。如果敌军发现了我军的突围行动,应立即命令先锋部队迅速发起攻击,向前推进,老弱士卒和车骑也随之跟进,而那些武艺高强且配备有强弩的武士则在隐蔽的地方埋伏起来,当敌人前来追击时,便让这些伏兵迅速攻击敌军侧后,并大量使用火光、鼓声,搅乱敌军的耳目,使其感到我军仿佛是从地下冒出,从天上降下一样,再加上我军奋勇战斗,敌人就无法阻止我军突围而出了。"

武王问:"如果前面有大河、宽堑、深坑等挡住了我们的退路,我军要跨越而过,但事先却没有准备船只,敌人又屯兵筑垒,阻止我军前进,堵截我军退路,哨兵戒备森严,险要的地方都全部被敌人占据。此时,前面有敌人的战车、骑兵阻截,后面有敌人的勇士袭击,在这种情况下,我们应该怎么办?"

太公答道:"凡是在大河、宽堑、深沟这样的地方,敌人一般是不会设防的。即使设防,兵力也比较少。这时,我军就可以借助飞江、转关、天潢等安全过去。然后派遣勇武善战的精兵听从指挥,冲锋陷阵,拼死战斗。同时将我军的辎重全部焚毁,把粮草全部烧掉并明确告诉全军将士,只有奋勇作战才有生存的可能,如果畏缩怯战那就只有死路一条。等到脱离险境之后,就让我军后援部队设置烟火信号。这时再派出哨兵进行警戒，占据草木、坟墓以及各种险要地势，敌人的战车和骑兵就不敢长途追赶了。设置烟火信号，是为了指示先行突围的部队来到有火的地方会合，并布成四面都有警戒的'四武冲阵'的战斗队形。这样，我军的战斗力就得到大大提升，敌人也就无法阻止我军了。"

武王说："您说得真好啊！"

军 略

【原文】

武王问太公曰:"引兵深入诸侯之地,遇深豀大谷险阻之水,吾三军未得毕济,而天暴雨,流水大至,后不得属于前,无有舟梁①之备,又无水草之资。吾欲毕济,使三军不稽留,为之奈何?"

太公曰:"凡帅师将众,虑不先设,器械不备,教不素信,士卒不习,若此,不可以为王者之兵也。凡三军有大事,莫不习用器械。攻城围邑,则有轒辒②、临冲③;视城中则有云梯④、飞楼⑤;三军行止,则有武冲、大橹,前后拒守;绝道遮街,则有材士强弩卫⑥其两旁;设营垒,则有天罗、武落⑦、行马、蒺藜;昼则登云梯远望,立五色旌旗;夜则设云火万炬,击雷鼓,振鼙铎,吹鸣笳⑧;越沟堑,则有飞桥、转关、辘轳、钽锯;济大水,则有天潢、飞江;逆波上流,则有浮海、绝江⑨。三军用备,主将何忧?"

【注释】

① 舟梁:用船架设的浮桥。

② 轒辒(fén wēn):古代用于攻城的一种车辆。其形制为下设四轮,上蒙以生牛皮,中可容十人,往来运土填堑,木石所

不能伤。

③临冲：即临车和冲车，也都用于攻城。临车是从上视下的车辆，冲车则是冲撞城门的战车。

④云梯：古代攻城时用来攀登城墙的一种长梯。

⑤飞楼：用以登高观察城中敌情的望楼。

⑥卫：底本作"冲"，疑有误，今据《武经七书汇解》进行校改。

⑦武落：即虎落，古代用以遮护城邑或营寨的竹篱。

⑧笳（jiā）：古代的一种管乐器。

⑨浮海、绝江：均为古代的渡河器材。

【大意】

武王问太公说："领兵深入敌国境内，遇到深山险谷中难以渡过的河流，我军尚未完全通过，又忽然天降暴雨，洪水涌来，水位高涨，后面的军队被大水给隔断，而军中既没有船只用来架设浮桥，又没有草料物资。在这种情况下，要使全军迅速通过，不至于滞留太久，应该怎么办呢？"

太公答道："大凡统率军队出征，如果不预先拟定计划，器械不事先准备，平时不好好训练，士卒不能熟练掌握武器装备，就不能算是王者的军队了。军队凡是有大的军事行动，没有不事先对士兵进行训练，使士兵熟练使用各种器械的。比如攻打城邑时，就用轒辒、临车、冲车等各种攻城的战车；进攻前要观察城内的敌情时，就用云梯和飞楼；全军前进和驻扎时，就用武冲、大橹等在前后掩护，以防不测；交通被断绝，街道被遮隔时，就让勇敢而又技术纯熟的士卒使用强弩控制两侧;设置营垒时,就在四周设置天罗、武落、行马、蒺藜;白天就登上云梯瞭望远方,并用五种颜色的旌旗报告敌情;到夜晚时,就点燃烟火,并击响雷鼓、敲动鼙鼓、摇动大铃、吹鸣笳,以作为指挥信号;要跨越沟堑,就用飞桥、转关、辘轳、钼铻;要渡过大河,就用天潢、飞江;如果是逆流而行,就用浮海、绝江。只要三军所需的装备器材都齐备,那么主将还有什么可忧虑的呢?"

临 境

【原文】

武王问太公曰:"吾与敌人临境相拒,彼可以来,我可以往,陈皆坚固,莫敢先举。我欲往而袭之,彼亦可来,为之奈何?"

太公曰:"分兵三处。令我①前军,深沟增垒而无出,列旌旗,击鼙鼓,完为守备;令我后军,多积粮食,无使敌人知我意。发我锐士潜袭其中,击其不意,攻其无备,敌人不知我情,则止不来矣。"

武王曰:"敌人知我之情,通我之谋,动而得我事,其锐士伏于深草,要隘路,击我便处,为之奈何?"

太公曰:"令我前军,日出挑战,以劳其意;令我老弱,曳柴扬尘②,鼓呼③而往来,或出其左,或出其右,去敌无过百步,其将必劳,其卒必骇。如此,则敌人不敢来。吾往者不止,或袭其内,或击其外,三军疾战,敌人必败。"

【注释】

① 我:底本作"军",疑有误,今据《武经七书汇解》进行校改。

② 曳柴扬尘:拖曳着柴草奔驰,使尘土飞扬,以迷惑敌人。

③ 鼓呼:擂鼓呐喊。

【大意】

武王问太公说:"我军与敌人在边境上相互对峙。敌人可以过来攻打我军,我军也可以前去进攻敌人,但双方的阵地都很坚固,谁也不敢率先采取行动。我想前去袭击敌人,但又担心敌人前来袭击我军,应该怎么办呢?"

太公答道:"在这种情况下,就把我军分成前、中、后三部分。然后命令前军深挖沟堑,高筑壁垒,不要出战。布列旌旗,敲击鼙鼓,做好防御的准备;命令后军多准备一些粮食,不要让敌人觉察到我军的意图。做好这些之后,再派出中军精锐部队,前去偷袭敌军,击其不意,攻其不备。敌人无法了解我军的情况,自然也不敢前来进攻了。"

武王问道:"如果敌军已探到我军的情况,并洞察我军的企图,只要我军一有行动,敌人就知道我们要做什么。所以,他们也会派出自己的精锐部队,埋伏在深草地区,在我军必经的险隘途中实施截击,或者在我军防备不周密的地方发起攻击,那时该怎么办呢?"

太公回答说:"如果真是这样,那就命令我的前军每天前去向敌人挑战,以削弱敌人的斗志;同时命令我军的老弱士卒,在路上拖动柴草,扬起尘土,击鼓呐喊,往来走动,以壮声势。在向敌军挑战时,我军或出现在敌人的左边,或出现在敌人的右边,距离敌人不超过百步。在我军的不断骚扰下,敌军的将领必定疲于应付,其士卒也必定受到震骇并恐慌。这样,敌人就不敢前来进攻我军了。我军通过不停地袭扰敌军,或袭击其内部,或攻击其外部,最后全军疾速地投入战斗,就一定能够将敌人打败。"

动 静

【原文】

武王问太公曰:"引兵深入诸侯之地,与敌之军相当,两陈相望,众寡强弱相等,未敢先举。吾欲令敌人将帅恐惧,士卒心伤,行陈不固,后阵欲走,前陈数顾①,鼓噪②而乘之,敌人遂走,为之奈何?"

太公曰:"如此者,发我兵去寇十里而伏其两旁,车骑百里而越其前后,多其旌旗,益其金鼓。战合,鼓噪而俱起,敌将必恐,其军惊骇,众寡不相救,贵贱不相待,敌人必败。"

武王曰:"敌之地势,不可以伏其两旁,车骑又无以越其前后,敌知我虑,先施其备,我士卒心伤,将帅恐惧,战则不胜,为之奈何?"

太公曰:"微哉!王之问也。如此者,先战五日,发我远候,往视其动静,审候其来,设伏而待之,必于死地。与敌相避③,远我旌旗,疏我行陈④,必奔其前,与敌相当。战合而走,击金无止⑤,三里而还,伏兵乃起,或陷其两旁,或击其前后,三军疾战,敌人必走。"

武王曰:"善哉!"

【注释】

① 数顾：屡次回头看。这里指队形摇摆不定，军心动摇。

② 鼓噪：擂鼓呐喊，大张声势。

③ 避：避开。

④ 疏我行陈：疏散我军的行阵，使敌人认为我军兵力十分强大，气势极为强盛。

⑤ 击金无止：持续不断的击锣发出退兵的命令，以诱敌深入。

【大意】

武王问太公说："统率军队深入敌国境内，敌我势均力敌，众寡强弱相等，双方相互对峙，谁也不敢率先发起进攻。在这种情况下，我想先使敌军将帅感到恐惧，使敌军士气低落、阵形不稳，后阵士兵企图逃跑，前阵士兵动摇不定。随后，我军擂鼓呐喊，乘势进攻，一举将敌人打败，应该怎么做呢？"

太公答道："要想做到这样，就必须先派遣部队绕到敌人后方十里的位置，在敌军两侧埋伏下来，然后再派遣战车和骑兵远出百里，忽而出现在敌人的前方，忽而迂回到敌人的后方，在军中多备旌旗，增设战鼓。双方一旦交锋，我军擂鼓呐喊，各军同时向敌人发起进攻，敌军将帅必然大惊，心怀恐惧，士兵也必定惊骇，各部队之间互不救援，官兵之间也互不照顾。这样一来，敌军就必败无疑了。"

武王问道："假如敌军所处的地方，在地势上不便于我军在其两旁设伏，我军的战车和骑兵又无法在其前后运动，而且敌人也发觉了我军行动的企图,事先有了充分准备,使得我军士气受挫,士兵悲观沮丧,将帅也心怀恐惧,与敌军交战时无法取胜。在这种情况下,应该怎么办呢?"

太公答道:"大王所问的这个问题真是微妙啊!像这种情况,应当在交战前五天,就先向远方派出侦察兵,以窥探敌人的动静,审察敌人前来进攻的征兆,再设下埋伏,等待敌人前来进犯。要想战胜敌人,必须在对敌军最不利的地形上与他们交战。避开敌人,远远设置我军的旌旗,使我军的行列显得稀疏不整,一定要派出一支部队赶到敌军前方,与敌人交锋。然后在刚一交战时就佯装败逃,而且持续鸣金,命令部队撤退,等退到三里后再回头反击,这时我军预先埋伏好的伏兵也乘机而起,或攻击敌军两侧,或抄袭敌军前后,全军快速发动进攻,敌人必然就会败走。"

武王说:"您说得真好啊!"

金 鼓

【原文】

武王问太公曰:"引兵深入诸侯之地,与敌相当,而天大寒甚暑,日夜霖雨①,旬日不止,沟垒悉坏,隘塞不守,斥候懈怠,士卒不戒,敌人夜来,三军无备,上下惑乱,为之奈何?"

太公曰:"凡三军以戒为固,以怠为败。令我垒上,谁何不绝②,人执旌旗,外内相望,以号相命③,勿令乏音,而皆外向。三千人为一屯④,诫而约之,各慎其处。敌人若来,视⑤我军之警戒,至而必还。力尽气怠,发我锐士,随而击之。"

武王曰:"敌人知我随之,而伏其锐士,佯北不止,过伏而还,或击我前,或击我后,或薄⑥我垒,吾三军大恐,扰乱失次,离其处所,为之奈何?"

太公曰:"分为三队,随而追之,勿越其伏。三队俱至,或击其前后,或陷其两旁,明号审令,疾击而前,敌人必败。"

【注释】

① 霖雨:久下不停的雨。
② 谁何不绝:意谓使哨兵诘问口令之声连续不断。

③ 以号相命：通过号令互相联络，传达命令。

④ 屯：聚集。这里指一个驻军的单位。

⑤ 视：底本作"亲"，疑有误，今据《武经七书汇解》进行校改。

⑥ 薄：逼近，逼迫，这里指发起进攻。

【大意】

武王问太公说："统率军队深入敌国境内，我军与敌军的兵力不相上下，此时恰遇严寒或酷暑，或者日夜阴雨连绵，连续十多天都不停止，造成我军的沟堑营垒全部毁坏，山险要隘不能守备，侦察和哨兵麻痹懈怠，士兵疏于戒备。这时，如果敌人趁着夜晚前来偷袭，我军毫无准备，将士也开始混乱，那该怎么办呢？"

太公答道："凡是军队，只有保持戒备才能坚不可摧；如果懈怠就必然会失败。为了提高警惕，应该命令我军营垒之上的哨兵，使诘问口令之声连续不断，人人手持旌旗，前后相望，传递号令，不要使金鼓之声断绝，向外表示均已做好迎击敌人的准备。每三千人编为一屯，并严加告诫和约束，使其各自谨慎防守。如果敌人前来进攻，只要看到我军戒备森严，即使已经来到我军阵前，也必然会因惧怕而撤退。这时，我军便趁敌人力尽气竭之际，派出精锐部队前去追杀敌人。"

武王问："当敌人探知我军将会随后追杀，于是事先在路上设下伏兵，然后假装不断地败退，等到我军进入敌人预先设下的伏击圈时，敌人再掉转头来配合他们的伏兵，向我军发起反击。他们有的攻击我军的前面，有的袭击我军的后面，有的逼近我军的营垒,从而使我军大为恐慌,互相惊扰,阵形混乱,各自离开自己的位置。这种情况下应该怎么办呢?"

太公答道:"追杀敌人的时候,应该把我军分成三队,分头前去,在追赶的过程中,也要时刻提高警惕,不要进入敌人的伏击圈。三支部队到齐之后,要联合行动,然后分头攻击敌军。有的攻击敌人的前后,有的攻击敌人的两侧。要严明号令,快速出击,奋勇向前。这样,就一定能够把敌军打败。"

绝 道

【原文】

武王问太公曰:"引兵深入诸侯之地,与敌相守,敌人绝我粮道,又越我前后①。吾欲战则不可胜,欲守则不可久,为之奈何?"

太公曰:"凡深入敌人之地,必察地之形势,务求便利,依山林、险阻、水泉、林木而为之固,谨守关梁,又知城邑、丘墓地形之利。如是,则我军坚固,敌人不能绝我粮道,又不能越我前后。"

武王曰:"吾三军过大陵、广泽、平易之地,吾盟误失,卒与敌人相薄②,以战则不胜,以守则不固,敌人翼③我两旁,越我前后,三军大恐,为之奈何?"

太公曰:"凡帅师之法,常先发远候,去敌二百里,审知敌人所在。地势不利则以武冲④为垒而前,又置两踵军于后,远者百里,近者五十里,即其警急,前后相救。吾三军常完坚,必无毁伤。"

武王曰:"善哉!"

【注释】

① 越我前后:指敌人在我军前后肆意运动。

② 相薄:指突然遭遇,狭路相逢。

③ 翼：从两旁进行包抄。

④ 冲：底本作"卫"，疑有误，今据《武经七书汇解》进行校改。

【大意】

武王问太公说："统率军队深入敌国境内，与敌军相持对峙。这时，敌人突然截断了我军的粮道，并迂回到我军的后方，然后对我军进行前后夹击。我想与敌人交战，却担心不能取胜；而防守的话，又担心不能持久。应该怎么办呢？"

太公答道："凡是深入敌国境内作战，必须事先对当地的地理形势进行实地考察，一旦统兵深入，就必须占据和控制有利的地形，依托山林、险阻、水泉、林木等有利的地势，以求得阵势的巩固。对那些关隘、桥梁，也要谨慎守卫，同时还应掌握城邑、丘墓等有利地形。这样，我军在防守上就能够做到固若金汤，敌人既不能截断我军的粮道，也不能迂回到我军的后方，当然也就不可能在我军前后肆意运动。"

武王问："当我军通过大片的丘陵、广阔的沼泽地和平坦的地形时，事先约定同时到达的部队，有的却由于误时还未到，而此时突然同敌军相遇，我想进攻却担心不能取胜，要防守又担心守不住。这时敌人已经包围我军两侧，并在我军前后肆意运动，导致我军恐惧不安，军心不稳。在这种情况下，我军应该怎么办呢？"

太公答道："大凡统军作战，都要讲究方法和策略。在行军或部队进行转移之前，应当先向远方派出侦察部队，在距离敌人二百里时，就要把敌人所在的位置了解清楚。如果地形对我军行动不利,就用武冲车结成营垒向前推进,并命令两支后卫部队在后面跟进,后卫部队和主力部队要有一定的间隔,距离一般控制在五十里到一百里之间。一旦遇上紧急情况,就可以前后互相救援。只要我军一直保持这种完善而坚固的部署,也就不会遭受伤亡和失败了。"

武王说:"您说得真好啊!"

略 地

【原文】

武王问太公曰:"战胜深入,略其地,有大城不可下,其别军①守险阻与我相拒,我欲攻城围邑,恐其别军卒至而击我,中外②相合,击我表里,三军大乱,上下恐骇,为之奈何?"

太公曰:"凡攻城围邑,车骑必远,屯卫警戒,阻其外内。中人③绝粮,外不得输。城人④恐怖,其将必降。"

武王曰:"中人绝粮,外不得输,阴为约誓,相与密谋,夜出穷寇死战,其车骑锐士,或冲我内。或击我外,士卒迷惑,三军败乱,为之奈何?"

太公曰:"如此者,当分军为三军,谨视地形而处。审知敌人别军所在,及其大城别堡⑤,为之置遗缺之道,以利其心,谨备勿失。敌人恐惧,不入山林,即归大邑。走其别军,车骑远要其前,勿令遗脱。中人以为先出者得其径道,其练卒材士必出,其老弱独在。车骑深入长驱,敌人之军必莫敢至。慎勿与战,绝其粮道,围而守之,必久其日。

"无燔人积聚,无坏人宫室,冢树社丛⑥勿伐,降者勿杀,得而勿戮,示之以仁义,施之以厚德。令其士民曰:'罪在一人⑦。'如此,则天下和服。"

武王曰:"善哉!"

【注释】

① 别军：指敌军主力之外的另一支部队。

② 中外：指敌城中的守军与城外的援军。

③ 中人：指被围困在城中的敌军。

④ 城人：指被围困在城中的军民。

⑤ 大城别堡：指被我军所围困的城池附近的敌国大城市和堡垒。

⑥ 冢树：墓地上的树木。社丛：社神庙旁的树丛。社，古代祭祀神灵的场所。

⑦ 罪在一人：指所有的罪恶都是敌国的君主一个人造成的，与其他人无关。

【大意】

武王问太公说："我军乘胜深入敌国，占领敌人的土地，但还有大城池未能攻下，而敌军在城外还另有一支部队固守险要地形与我军相峙。我想围攻城池，又担心敌军城外的部队突然向我军发起攻击，与城内的守军里应外合，对我军形成两面夹击之势，导致我方全军大乱，兵士恐惧震骇。在这种情况下，应该怎么办呢？"

太公答道："凡是围攻城池之时，应该把战车、骑兵安排在离城较远的地方，担任守卫和警戒，以切断敌军内外之间的联系。时间一长，城内敌军的粮食就断绝，而外面的粮食又无法运进去。这样，必然会引起城内守军和民众的恐慌，守城的敌将也就不战而降了。"

武王问："城内敌军断粮，城外粮食又无法运进去，这时如果城内的敌军与外面的援军暗中互相联系，秘密谋划向外突围，并趁着黑夜出城与我军拼命死战。敌人的精锐部队有的突击我军的内部，有的进攻我军的外部，使我军将卒恐惧惶惑，全军陷入混乱的状态，此时应该怎么办呢？"

太公答道："遇到这种情况，应把我军分为三部，并根据地形的情况驻扎下来。同时查清敌人城外部队所在的位置，以及附近大城市和堡垒的状况，然后给被围困的敌军留出一条道路，以引诱城内的敌军逃出来。但我军一定要严密戒备，不要让敌人跑掉。被围的那些敌军逃出来之后，由于惊恐慌乱，因此突围时不是想逃入山林，就是想撤往另一座城邑。这时，我军要设法赶走敌人在城外的援军；再让车兵、骑兵在距城较远的地方阻止敌军突围的先头部队，不要让他们逃脱。守城敌军误以为自己的先头部队已经突围成功，打通了撤退突围的通道，于是他们的主力部队就会陆续出城外逃，只留下一些老弱的士卒在城内。这时，我军的车兵和骑兵长驱直入，守城敌军必不敢继续突围。此时，我军要格外谨慎，不要急于同敌人交战，只要断绝敌军的粮道，再把他们围困起来，时间一久，敌军必然投降。

"拿下敌人的城邑之后，千万不要焚烧仓库中的粮食，不要毁坏城内民众的房屋，不要砍伐坟地的树木和庙祠的树木，不要杀戮敌军降卒，不要虐待被俘的敌军。而且应该借此向敌国的军民表示仁慈，施加恩惠，并向敌国军民宣布：'有罪的只是你们的国君一人，与其他人毫不相干。'这样，天下人就会心悦诚服了。"

武王说："您说得真是太好了！"

火 战

【原文】

武王问太公曰:"引兵深入诸侯之地,遇深草蓊秽①,周吾军前后左右,三军行数百里,人马疲倦休止。敌人因天燥疾风之利,燔吾上风,车骑锐士坚伏吾后。吾三军恐怖,散乱而走,为之奈何?"

太公曰:"若此者,则以云梯、飞楼远望左右,谨察前后。见火起,即燔吾前而广延之②,又燔吾后。敌人若至,即引军而却,按黑地而坚处。敌人之来,犹在吾后,见火起,必还走。吾按黑地③而处,强弩材士卫吾左右,又燔吾前后。若此,则敌不能害我。"

武王曰:"敌人燔吾左右,又燔吾前后,烟覆吾军,其大兵按黑地而起,为之奈何?"

太公曰:"若此者,为四武冲陈,强弩翼吾左右,其法无胜亦无负。"

【注释】

① 蓊秽(wěng huì):草木茂盛的样子。蓊,茂盛。秽,田中多草,指荒地。

② 即燔吾前而广延之:即在我军军营前方放火,清理出一片开阔的防火带。

③ 黑地:被火烧过的地方变成一片焦黑,故称为黑地。

【大意】

武王问太公说:"率领军队深入敌国境内,遇到茂盛的草木围绕在我军四周,而我军已行军数百里,人马也比较困乏疲惫,需要宿营休息。这时,敌人利用天气干燥,疾风不止的有利条件,在我军的上风口放火,又将他们的精锐部队埋伏在我军的后面,造成我全军恐慌不安,散乱而逃,应该怎么办呢?"

太公答道:"在这种情况下,应该在宿营之地竖起云梯、飞楼,登高瞭望和仔细观察前后左右的情况。一旦发现敌人放起火来,我军也立即在自己营地前方较远的开阔地带放火,扩大火焚的面积,同时又在我军的后面放火,使其烧出一块黑地。如果敌人前来进攻,就把军队撤到这块草木已经被烧光的黑地上坚守。此时,前来进攻的敌人落在我军的后面,又看到火起,必然就会撤退。我军则在大火烧过的黑地上排兵布阵,派精兵用强弩掩护左右两翼,并继续放火烧掉我军前后的草地。这样,敌人就不能伤害到我军了。"

武王问:"如果敌人既在我军的左右放火,又在我军的前后放火,以致浓烟覆盖了我军,此时敌军又占据了黑地并攻击我军,应该怎么办?"

太公答道:"如果遇上这种情况,就把我军结成四武冲阵的战斗队形,然后用强弩掩护左右两翼。这种战术虽然无法取胜,但也不至于大败。"

垒 虚

【原文】

武王问太公曰:"何以知敌垒之虚实,自来自去?"

太公曰:"将必上知天道,下知地理,中知人事。登高下望,以观敌之变动。望其垒,则知其虚实;望其士卒,则知其去来。"

武王曰:"何以知之?"

太公曰:"听其鼓无音,铎无声,望其垒上多飞鸟而不惊,上无氛气,必知敌诈而为偶人①也。敌人卒去不远,未定而复返者,彼用其士卒太疾②也。太疾则前后不相次③,不相次则行阵必乱。如此者,急出兵击之。以少击众,则必胜矣。"

【注释】

① 偶人:用木头或稻草做成的假人。

② 疾:同"急"。

③ 相次:次序,连接。

【大意】

武王问太公说:"怎样才能知道敌人营中兵力的强弱虚实,以及敌军来来去去的调动情况呢?"

太公答道:"作为将帅,必须做到上知天文,下知地理,中通人事。要想知道敌军营中的虚实,可以登高下望,以观察敌情的变化;通过从远处眺望敌人的营垒,就可以知道其内部的虚实;通过观察敌军士兵的动态,就可以知道敌军调动的情况。"

武王问:"怎么才能知道这些事情呢?"

太公答道:"如果听不到敌营中的鼓声和铎声,而敌军的营垒上却有许多飞鸟,这些飞鸟也没有受到惊吓,空中也没有飞扬的尘土,就可以知道这必定是一座空营,敌人不过是用一些假人来欺骗我们。如果敌人刚撤退不远,还没有停下来又急忙返回的,这是敌人调动太忙乱的表现。调动太忙乱,前后就没有秩序,没有秩序,行军的阵形就必然会混乱。在这种情况下,我军可立即出兵攻击敌人,即使是以少击多,也一定能够取得胜利。"

卷五 豹韬

林 战

【原文】

武王问太公曰:"引兵深入诸侯之地,遇大林,与敌分林①相拒,吾欲以守则固,以战则胜,为之奈何?"

太公曰:"使吾三军分为冲陈,便兵所处②,弓弩为表,戟楯为里,斩除草木,极广吾道,以便战所。高置旌旗,谨敕③三军,无使敌人知吾之情,是谓林战。

"林战之法,率吾矛戟,相与为伍。林间木疏,以骑为辅,战车居前,见便则战,不见便则止。林多险阻,必置冲陈,以备前后。三军疾战,敌人虽众,其将可走。更战更息④,各按其部。是谓林战之纪⑤。"

【注释】

① 分林：指敌我双方各占据一部分丛林地带。
② 便兵所处：指利于部队进行战斗的处所。
③ 谨敕：严正告诫。
④ 更战更息：轮流上阵，轮流休息。
⑤ 纪：原则，准则。

【大意】

武王问太公说："率领军队深入敌国境内，遇到大片林地，我军与敌军各占一部分对峙。在这种情况下，我想做到防守就能稳固，进攻就能取胜，应该怎么办呢？"

太公答道："首先将我军部署成四武冲阵，配置在有利于我军作战的地方，然后将弓弩安排在外层，将战盾安排在里层，斩除草木，广开道路，以便于我军的行动。高挂旗帜，严正告诫全军，不要让敌人了解我军的情况，这就是所谓的林地作战。

"林地作战的方法是：将军队中使用矛戟等不同兵器的士兵，混合编组成战斗分队。林地间树木稀疏的地方，就以骑兵辅助作战，把战车配置在前面，发现有利于我军时就投入战斗，反之就停止。如果林地有许多险要地形，就必须部署冲阵队形，以防备敌人攻击我军的前后。务必使全军迅速勇猛地进行战斗，这样就算敌人人数众多，也能让其主将败逃。在战斗过程中我军要轮流上阵，轮流休息，各部均按编组行动。这就是林地作战的原则。"

突 战

【原文】

武王问太公曰:"敌人深入长驱,侵掠我地,驱我牛马,其三军大至,薄我城下。吾士卒大恐,人民系累①,为敌所虏。吾欲以守则固,以战则胜,为之奈何?"

太公曰:"如此者,谓之突兵②。其牛马必不得食,士卒绝粮,暴击而前。令我远邑别军③,选其锐士,疾击其后,审其期日,必会于晦④,三军疾战,敌人虽众,其将可虏。"

武王曰:"敌人分为三四,或战而侵掠我地,或止而收我牛马,其大军未尽至,而使寇薄我城下,致吾三军恐惧,为之奈何?"

太公曰:"谨候敌人未尽至,则设备而待之。去城四里而为垒,金鼓旌旗皆列而张,别队为伏兵。令我垒上多积强弩,百步一突门⑤,门有行马,车骑居外,勇力锐士隐伏而处。敌人若至,使我轻卒合战而佯走,令我城上立旌旗,击鼙鼓,完为守备。敌人以我为守城,必薄我城下。发吾伏兵,以冲其内,或击其外。三军疾战,或击其前,或击其后,勇者不得斗,轻者不及走,名曰突战⑥。敌人虽众,其将必走。"

武王曰:"善哉!"

【注释】

① 系累：拘禁。

② 突兵：担任突击作战任务的部队。

③ 远邑别军：驻扎在远离城邑的另一支部队。

④ 晦：古代历法把每月的最后一天称为"晦"。这里指没有月光的黑夜。

⑤ 突门：在城墙或垒壁上预先开设的便于部队出击的暗门。一般由城墙内向外挖，外面留四五寸，不挖透。等到部队出击时，再临时将其推倒，突然出击。

⑥ 突战：突然袭击。

【大意】

武王问太公说："敌人长驱直入，侵占土地，抢夺物资，驱走牛马，大军来势汹汹，逼近我城下。我军士卒大为惊恐，民众遭到拘禁，成为敌军的俘虏。在这种情况下，我想做到防守就能够稳固，进行战斗就能够取得胜利，应该怎么办呢？"

太公答道："这种情况，敌军一般是担任突击作战任务的部队。他们的牛马必定缺乏饲料，他们的士卒必定没有粮食，所以凶猛地向我军发动进攻。在这种情况下，我军应该命令驻扎在远方的其他部队，挑选出精锐的士兵，迅速袭击敌人的后方，详细计算并确定合攻的时间，务必使其在晦日没有月光的黑夜与我军会合，然后全军迅速猛烈地投入战斗。这样，敌人虽然人数众多，敌将也可被我军所俘虏。"

武王问："如果敌军分为三四部分，以一部向我发动进攻以侵占我方土地，以一部驻扎下来以掠夺我的牛马财物，其主力部队尚未完全到达,而使一部兵力进逼我城下,以致我军恐惧。这种情况应该怎么办呢?"

太公答道:"应该仔细观察当时的情况,分析当时的形势,在敌人尚未完全到达前,就完善守备,严阵以待。在离城邑四里的地方构筑营垒,把金鼓都列起来,把旌旗都张扬起来,并另外派出一支部队作为伏兵。命令我营垒上的部队多集中强弩,每百步设置一个可供部队进行突然袭击的暗门,门前安置拒马等障碍物,将战车、骑兵配置在营垒外面,把精锐的士卒隐蔽埋伏起来。如果敌人来到,先派出我军的轻装步兵与之交战,然后伴装败逃,并令我守军在城上树起旗帜,敲击战鼓,做好充分的防守准备。敌人认为我军主力在防守城邑,必然进逼城下。这时我军突然出动伏兵,或攻入敌军阵内,或攻击敌军阵外。同时下令全军迅猛出击,勇猛战斗,既攻击敌人的正面,又攻击敌人的后方,使敌军中勇敢的士兵无法格斗,行动迅捷的士兵来不及逃跑。这种战术就是所谓的突战。而此时,敌人即使为数众多,也必定被我军打败而主将仓皇逃走。"

武王说:"您说得真好啊!"

敌　强

【原文】

武王问太公曰："引兵深入诸侯之地，与敌人冲军相当①，敌众我寡，敌强我弱。敌人夜来，或攻吾左，或攻吾右，三军震动。吾欲以战则胜，以守则固。为之奈何？"

太公曰："如此者，谓之震寇②。利以出战，不可以守。选吾材士强弩，车骑为左右，疾击其前，急攻其后，或击其表，或击其里，其卒必乱，其将必骇。"

武王曰："敌人远遮我前，急攻我后，断我锐兵，绝我材士，吾内外不得相闻，三军扰乱，皆败而走，士卒无斗志，将吏无守心，为之奈何？"

太公曰："明哉！王之问也。当明号审令，出我勇锐冒将之士，人操炬火③，二人同鼓，必知敌人所在，或击其表，或击其里。微号④相知，令之灭火，鼓音皆止，中外相应，期约皆当，三军疾战，敌必败亡。"

武王曰："善哉！"

【注释】

① 冲军：担任突击任务的部队。相当：正面接触。

② 震寇：使我军感到震惊恐惧的敌军。意为在夜间对我实施突袭之敌。

③ 炬火：火把。

④ 微号：暗号。

【大意】

武王问太公："率领军队深入敌国境内，与其突击部队正面接触。敌众我寡，敌强我弱，而且敌人又利用黑夜的掩护攻击我军。或攻我左翼，或攻我右翼，使我全军震惊恐惧。在这种情况下，我想进攻就能取得胜利，防守就能稳固，应该怎么办？"

太公答道："这样的敌人一般称为震寇。要对付这样的敌人，我军应主动出战，而不要被动防守。应该挑选精干的武士，使用强弩，以战车、骑兵为左右两翼，对敌人的正面进行迅猛攻击，并急速攻打敌人的侧后方。既攻击敌人阵外，也攻击敌人阵内。这样，敌军必然会陷入混乱，其将帅也必然因惊恐骇惧而被我军打败。"

武王问："敌人如果在远处阻截我的前方，急速攻击我的后方，截断我各精锐部队，使其无法救援，使我军内外失去联系，以致全军扰乱，落荒而逃，士卒毫无斗志，将领无心固守，这个时候应该怎么办呢？"

太公答道："大王提出的这个问题真是高明啊！在这种情况下，应该申明号令，出动我方勇猛精锐的部队，每个人手持火炬，两人同击一鼓，在探知敌人准确位置的前提下，对敌人发起攻击，或攻击敌人的外部，或冲击敌人的内部。大家记住联络暗号，主将命令一下，就同时熄灭火炬，停止击鼓，之后内外互相策应，各部按预先约定的计划行动。全军迅猛出击，英勇奋战，必然能够把敌人消灭。"

武王说："您说得真好啊！"

敌 武

【原文】

武王问太公曰:"引兵深入诸侯之地,卒遇敌人,甚众且武。武车骁骑,绕我左右,吾三军皆震,走不可止,为之奈何?"

太公曰:"如此者,谓之败兵。善者①以胜,不善者以亡。"

武王曰:"用之奈何?"

太公曰:"伏我材士强弩,武车骁骑,为之左右,常去前后三里。敌人逐我,发我车骑,冲其左右。如此,则敌人扰乱,吾走者自止。"

武王曰:"敌人与我车骑相当,敌众我少,敌强我弱。其来整治②精锐,吾陈不敢当③,为之奈何?"

太公曰:"选我材士强弩,伏于左右,车骑坚陈而处,敌人过我伏兵,积弩④射其左右,车骑锐兵疾击其军,或击其前,或击其后。敌人虽众,其将必走。"

武王曰:"善哉!"

【注释】

① 善者:指善于用兵打仗的将帅。
② 整治:整齐不乱。
③ 不敢当:无法匹敌,难以抵挡。
④ 积弩:集中弓弩。

【大意】

武王问太公说:"率领军队深入敌国境内,突然与敌人遭遇,敌军人数众多,而且十分勇猛,并出动武冲大战车和骁勇的骑兵,将我军的左右两翼包围起来。全军震惊恐惧,士兵纷纷逃跑,无法阻止。这个时候应该怎么办呢?"

太公答道:"这样的军队叫作败兵。但善于用兵的将帅,可以由此而取胜;而不善于用兵的人,则会因此而败亡。"

武王问:"在这种情况下,应该采取什么办法呢?"

太公答道:"在这种局面下,应该派出我军的精锐部队,手持强弩埋伏起来,并把威力巨大的战车和骁勇善战的骑兵安排在左右两翼,伏击地点一般放在距离我主力前后约三里的位置。敌人如果前来追击,就出动我军的战车和骑兵,攻击敌人的左右两侧。这样,敌军就会陷于混乱,我军逃跑的那些士卒就会停下来,不再逃跑了。"

武王问:"敌我双方的战车和骑兵相遇,敌众我寡,敌强我弱。敌人前来进攻,阵势整齐,士卒精锐。我要与敌军对阵而战,却难以抵挡,这时应该怎么办呢?"

太公答道:"在这种情况下,应挑选我军的精锐部队,手持强弩埋伏在左右两侧,并把战车和骑兵布成坚固的阵势进行防守。当敌人通过我军埋伏的地方时,就集中弓弩射击敌人的左右两翼,并出动战车、骑兵以及精锐士卒,对敌军进行猛烈攻击,或攻击敌人的前部,或攻击敌人的后部。这样,敌人虽然众多,也必定会被我军打败。"

武王说:"您说得真是太好了!"

鸟云山兵

【原文】

武王问太公曰:"引兵深入诸侯之地,遇高山磐石①,其上亭亭②,无有草木,四面受敌,吾三军恐惧,士卒迷惑。吾欲以守则固,以战则胜,为之奈何?"

太公曰:"凡三军处山之高,则为敌所栖③;处山之下,则为敌所囚④。既以被山而处;必为鸟云之陈⑤。鸟云之陈,阴阳皆备。或屯其阴,或屯其阳。处山之阳,备山之阴;处山之阴,备山之阳;处山之左,备山之右;处山之右,备山之左。其山敌所能陵⑥者,兵备其表,衢道通谷,绝以武车。高置旌旗,谨敕三军,无使敌人知吾之情。是谓山城。行列已定,士卒已陈,法令已行,奇正已设,各置冲陈于山之表,便兵所处,乃分车骑为鸟云之陈。三军疾战,敌人虽众,其将可擒。"

【注释】

① 磐石:巨大的石头。

② 亭亭:高耸的样子。

③ 栖:原意是指鸟类歇宿于树上。这里意为我军为敌所逼而不能下来。

④ 囚:囚禁。这里的意思是被敌军所围困。

⑤ 乌云之阵：排兵布阵时的一种阵形，其阵法如鸟雀一样聚散无常，又如行云一样流动不定，时分时合。

⑥ 陵：攀登。

【大意】

武王问太公说："率领军队深入敌国境内，遇到高山巨石，山头高耸，没有草木，四面受敌。我全军因而恐惧不安，士兵迷惑惶乱。在这种情况下，我想做到防守就能稳固，实施进攻就能取胜，应该怎么办？"

太公答道："凡是把军队驻扎在山顶之上的，就容易被敌人所隔绝孤立；凡是把军队驻扎在山下的，就容易被敌军所围困。既然是在山地环境中作战，就必须采取乌云之阵。所谓乌云之阵，就是对山南山北各个方面都进行戒备。军队或者驻守山的北面，或者驻守山的南面。驻扎在山的南面，要同时戒备山的北面；驻扎在山的北面，要同时戒备山的南面；驻扎在山的左面，要同时戒备山的右面；驻扎在山的右面，要同时戒备山的左面。这座山中凡是敌人能攀登的地方，都要派兵严防把守，凡是交通要道和能够通行的谷地，都要用战车进行阻绝。同时高挂旗帜，严正告诫全军，不要让敌人察知我军情况。这样这座山就成了一座山城。部队的行列已经排定，士卒已经列阵，法令已经颁行，奇正战术已经制定，各部队都编成冲阵驻扎在山上比较突出的高地。然后把战车和骑兵布成乌云之阵。这样，当敌军前来进攻时，我军便进行迅猛的打击。敌军虽然人数众多，仍必定会被我军打败，其将帅也会被我军所俘获。"

鸟云泽兵

【原文】

武王问太公曰:"引兵深入诸侯之地,与敌人临水相拒,敌富而众,我贫而寡,逾水击之则不能前,欲久其日则粮食少。吾居斥卤之地①,四旁无邑,又无草木,三军无所掠取,牛马无所刍牧②,为之奈何?"

太公曰:"三军无备,牛马无食,士卒无粮,如此者,索便诈敌而亟去之,设伏兵于后。"

武王曰:"敌不可得而诈,吾士卒迷惑,敌人越我前后,吾三军败乱而走,为之奈何?"

太公曰:"求途之道,金玉为主③。必因敌使,精微为宝④。"

武王曰:"敌人知我伏兵,大军不肯济,别将分队以逾于水,吾三军大恐,为之奈何?"

太公曰:"如此者,分为冲陈,便兵所处,须⑤其毕出,发我伏兵,疾击其后,强弩两旁,射其左右。车骑分为鸟云之陈,备其前后,三军疾战。敌人见我战合,其大军必济水而来,发我伏兵,疾击其后,车骑冲其左右。敌人虽众,其将可走。

"凡用兵之大要,当敌临战,必置⑥冲陈,便兵所处,然后以车⑦骑分为鸟云之陈,此用兵之奇也。所谓鸟云者,鸟散而云合，变化无穷者也。"

武王曰："善哉！"

【注释】

① 斥卤之地：盐碱地带。这里指荒芜贫瘠之地。斥，碱。卤，盐。

② 刍牧：割草放牧。

③ 金玉为主：以金玉财宝作为欺诱敌人的主要手段。

④ 精微为宝：获得敌人最精细隐秘的情报。

⑤ 须：等待，等到。

⑥ 置：底本作"宜"，疑有误，今据《武经七书汇解》进行校改。

⑦ 车：底本作"军"，疑有误，今据《武经七书汇解》进行校改。

【大意】

武王问太公说："统领军队深入敌国境内，与敌军隔水对峙，敌人物资充足，兵力众多，我军物资贫乏，兵力寡少。我想渡水进攻，却无力前进；想要等待战机，又缺乏粮草。而且我军处于荒芜贫瘠的盐碱之地，附近既没有城邑又没有草木，军队没有地方可以掠取物资，牛马没有饲料进行喂养，在这种情况下，应该怎么办呢？"

太公答道："军队没有装备，牛马没有饲料，士卒没有粮食，在这情况下，应当寻找机会，瞒住敌人，然后迅速转移驻地，并在后面设下伏兵，以阻击敌人前来追赶。"

武王问:"如果敌人不上我的当,我军士卒迷惑恐惧,敌人进攻我军前后,致使我全军溃散败逃,这时应该怎么办呢?"

太公答道:"在这种情况下,要想寻求退路,最好的办法是用金银财宝引诱敌人前来掠夺,同时贿赂敌军派来的使者。但这件事必须做到精密细致,不要使敌人有任何的察觉,这是最为重要的。"

武王问:"敌人已经探知我军设下伏兵,大军不肯渡水追赶,却只派一支小部队渡水向我军进攻,使我军军心惶恐,这时应该怎么办呢?"

太公答道:"在这种情况下,我军应摆下四武冲阵,安排在便于我军作战的地方,待敌军小部队全部渡水后,便命令我军伏兵向敌军的侧后部进行猛烈攻击,然后用强弩从两旁射击敌人的左右。同时把我军的战车和骑兵摆成鸟云之阵,戒备前后,使全军投入战斗。敌军发现我军与其小部队交战,大军必会渡水前来。这时再令我军伏兵对敌军的侧后方进行猛烈攻击,并用战车和骑兵冲击敌军的两翼。这样,敌军虽然人数众多,也一定会被我军打败,其将领也必然会逃走。

"大凡用兵,其基本原则是,当与敌人对阵,进行正面交锋时,必须把军队摆成冲阵,配置在便于我军作战的地方,然后再把战车和骑兵摆成鸟云之阵,这就是出奇制胜的方法。所谓鸟云,就是像鸟散云合一样,灵活机动,变化无穷。"

武王说:"您说得真好啊!"

少 众

【原文】

武王问太公曰:"吾欲以少击众,以弱击强,为之奈何?"

太公曰:"以少击众者,必以日之暮,伏以深草,要之隘路,以弱击强者,必得大国之①与,邻国之助。"

武王曰:"我无深草,又无隘路。敌人已至,不适日暮,我无大国之与,又无邻国之助,为之奈何?"

太公曰:"妄张诈诱,以荧惑其将;迂其道,令过深草;远其路,令会日暮②。前行未渡水,后行未及舍,发我伏兵,疾击其左右,车骑扰乱其前后。敌人虽众,其将可走。事大国之君,下邻国之士,厚其币,卑其辞,如此则得大国之与,邻国之助矣!"

武王曰:"善哉!"

【注释】

① 之:底本作"而",疑有误,今据《武经七书汇解》进行校改。

② 暮:底本作"路",疑有误,今据《武经七书汇解》进行校改。

【大意】

武王问太公说："我想要以少胜多、以弱胜强，应该怎么做呢？"

太公答道："要想做到以少胜多，必须利用夜晚天黑的优势，把军队埋伏在草木茂盛的地方，并在险隘的道路上截击敌人。要以弱胜强，必须得到大国的帮助和邻国的支援。"

武王问："如果我军没有茂密的草丛可供设伏，又没有险隘道路可以利用；敌人大军到达的时候，又不是在夜晚天黑之时；而且我军既没有得到大国的协助，也没有邻国的支援，又该怎么办呢？"

太公答道："在这种情况下，我军可以虚张声势，用各种疑军之计迷惑敌人的将帅，诱使敌人迂回前进，使其经过茂密的草丛；只要能够让敌人绕走远路，拖延时间，就能够使敌军在夜晚天黑的时候到达我军预先埋伏的地方，并趁机与之交战。可以趁着敌军的先头部队尚未完全渡水，后续部队来不及宿营时，发动我军事先设下的伏兵，迅速猛烈地攻击敌人的两翼，并出动我军的战车和骑兵，扰乱敌人的前后。这样，敌人虽然人数众多，也会被我军所打败。在平常的外交礼仪中，还要恭敬侍奉大国的君主，礼遇结交邻国的贤士，礼物丰厚，言辞谦逊。这样，在我军与敌人交战的时候，就能够得到大国的支持、邻国的援助了。"

武王说："您讲得真好啊！"

分 险

【原文】

武王问太公曰:"引兵深入诸侯之地,与敌人相遇于险厄①之中。吾左山而右水,敌右山而左水,与我分险相拒。吾欲以守则固,以战则胜,为之奈何?"

太公曰:"处山之左,急备山之右;处山之右,急备山之左。险有大水,无舟楫者,以天潢济吾三军;已济者,亟广吾道,以便战所。以武冲为前后,列其强弩,令行陈皆固。衢道谷口,以武冲绝之,高置旌旗,是谓车城②。

"凡险战③之法,以武冲为前,大橹为卫,材士强弩翼吾左右。三千人为屯,必置冲阵,便兵所处。左军以左,右军以右,中军以中,并攻而前。已战者还归屯所,更战更息,必胜乃已。"

武王曰:"善哉!"

【注释】

① 厄:险隘。
② 车城:将战车联结起来,构筑成为营寨。
③ 险战:在险隘之地作战。

【大意】

武王问太公说:"率领军队深入敌国境内,与敌军在险阻狭隘之地相遇。我军所处的地形是左边靠山,右边临水;敌军所处的地形是右边靠山,左边临水。双方各自据守险要之地,相互对峙。在这种情况下,我想做到防守就能稳固,进攻就能取胜,应该怎么办?"

太公答道:"当我军占领山的左侧时,就马上对山的右侧加强防御;占领了山的右侧时,就马上对山的左侧加强防御。对于险要地区的大江大河,如果没有可以利用的船只,就应该利用天潢等浮渡器材,将我军渡过去。已经渡过江河的先头部队,要迅速开辟出前面的道路,抢占有利地形,以便主力跟进。要用武冲战车掩护我军的前后,安排好强弓硬弩,以使我军行列和阵形稳固。对于交通要道和山谷的谷口,要用武冲战车加以阻绝,并高挂旌旗。这样,就构成了一座用战车连接起来的车城。

"大凡在险要地带进行作战,其方法是把武冲战车放在前面,以武翼大橹矛戟扶胥战车担任后卫,然后命令精锐的士兵持强弩保护部队的左右两翼。每三千人为一屯,编成进攻性的阵形,配置在便于作战的地形上。与敌人交战时,左军在左侧作战,右军在右侧作战,中军在中路作战,三军并肩作战,向前推进。已经和敌人交战过的部队回到原屯驻之处休整,未战的部队则依次投入战斗,轮番作战、轮番休息,直到取得胜利为止。"

武王说:"您说得真好啊!"

卷六 犬韬

分 合

【原文】

武王问太公曰："王者帅师，三军分为数处，将欲期会合战①，约誓②赏罚，为之奈何？"

太公曰："凡用兵之法，三军之众，必有分合之变。其大将先定战地、战日，然后移檄书③与诸将吏，期攻城围邑，各会其所，明告战日，漏刻有时④。大将设营而陈，立表辕门⑤，清道而待。诸将吏至者，校其先后，先期至者赏，后期至者斩。如此则远近奔集，三军俱至，并力合战。"

【注释】

① 期会合战：约定时间和地点，集中兵力与敌人决战。

② 约誓：作战之前集合军队，宣布作战的目的和原因，并申明军纪，告诫将士。

③ 檄书：古代用来征召、晓谕或声讨的文书。

④ 漏刻有时：指规定部队到达集合地点的期限。漏刻，古代的一种计时器，分为单壶和复壶两种。单壶只有一个储水壶，水压变化大，计时精度低。复壶为两个以上的储水壶。如元代延祐铜漏壶共四个铜壶。铜壶自上而下互相叠置而成。上面三壶底部有孔，最下面一壶内装有浮标，上刻时辰，浮标随着水的注入而上升，由此可知时间。

⑤ 立表：古代立木为表，通过观察日影来计算时间。辕门，军营的正门。古代军队驻扎时，四周以车辆为垣，在营门处用两车仰置，以车上系马之辕杆两条，树立于门之两侧以为门，故称之。

【大意】

武王问太公说："君王统率军队出征，三军分别驻扎在不同的地方，主将要按期集结军队与敌人交战，并号令全军官兵，明确赏罚制度，应该怎么做呢？"

太公答道："一般用兵的方法，由于全军人数众多，必然有兵力分散和集中等作战部署上的变化。主将要首先确定作战的地点和日期，然后将战斗文书下达给各部的将领，明确要攻打和包围的城邑、各军集结的地点、作战的日期以及各部队到达的期限。然后，主将应提前到达集结地点，设置营垒，摆列阵势，在营门竖立起标杆以观测日影，计算时间。扫清道路，禁止闲杂人员走动，等待将官领命后前来报到。各部队的将领到达时，要记下他们到达的先后次序，先期到达的要给予奖励，过期到达的则用军法处置，将其斩杀。这样，各部队所驻之地不论远近，都会按期赶至集结之地。三军全部到达后，就可以集中力量与敌人交战了。"

武 锋

【原文】

武王问太公曰:"凡用兵之要,必有武车、骁骑、驰陈选锋①,见可则击之。如何则可击?"

太公曰:"夫欲击者,当审察敌人十四变②。变见则击之,敌人必败。"

武王曰:"十四变可得闻乎?"

太公曰:"敌人新集可击;人马未食可击,天时不顺可击,地形未得可击,奔走可击,不戒可击,疲劳可击,将离士卒可击,涉长路可击,济水可击,不暇可击,阻难狭路可击,乱行可击,心怖可击。"

【注释】

① 选锋:突击队,敢死队。
② 变:变故。指发生了对敌军不利的情况。

【大意】

武王问太公说:"用兵的重要法则,就是必须拥有强大的战车、骁勇的骑兵以及不怕牺牲、敢于冲锋陷阵的突击部队,发现有可乘之机,就对敌人发起攻击。那么,究竟出现什么样的时机时,可以对敌人发起攻击呢?"

太公答道:"要对敌人进行攻击,应当首先仔细观察不利于敌人的十四种情况。一旦这些情况出现,就可以对敌人发起攻击,而且必定能够将敌人打败。"

武王问:"那这十四种情况有哪些呢?"

太公答道:"敌人刚集结起军队而立足未稳时,可以发起攻击;敌人人马没有进食而处于饥饿状态时,可以发起攻击;天气变化对敌人不利时,可以发起攻击;地形对敌人不利时,可以发起攻击;敌人仓促奔走赶路时,可以发起攻击;敌人没有戒备时,可以发起攻击;敌人疲劳倦怠时,可以发起攻击;敌人的将领离开士兵而无人指挥时,可以发起攻击;敌人长途跋涉时,可以发起攻击;敌军渡水时,可以发起攻击;敌军忙乱不堪时,可以发起攻击;敌军通过险要关隘时,可以发起攻击;敌人阵形散乱不整时,可以发起攻击;敌人军心恐惧不安时,可以发起攻击。"

练 士

【原文】

武王问太公曰："练士之道①奈何？"

太公曰："军中有大勇、敢死、乐伤者，聚为一卒②，名曰冒刃③之士；有锐气壮勇强暴者，聚为一卒，名曰陷陈之士；有奇表长剑，接武④齐列者，聚为一卒，名曰勇锐之士；有拔距伸钩⑤，强梁⑥多力、溃破金鼓、绝灭旌旗者，聚为一卒，名曰勇力之士；有逾高绝远、轻足善走者，聚为一卒，名曰寇兵⑦之士；有王臣失势，欲复见功者，聚为一卒，名曰死斗之士；有死将之人子弟，欲与其将报仇者，聚为一卒，名曰敢死之士；有赘婿⑧人虏，欲掩迹扬名者，聚为一卒，名曰励钝⑨之士；有贫穷愤怒，欲快其心者，聚为一卒，名曰必死之士；有胥靡⑩免罪之人，欲逃其耻者，聚为一卒，名曰幸用之士；有材技兼人⑪，能负重致远者，聚为一卒，名曰待命之士。此军之服习，不可不察也。"

【注释】

① 练士之道：选编士卒的方法。练，同"拣"，即选择、挑选的意思。

② 卒：古代军队的一级编制，一般百人为卒。此处可理解为"队"。

③ 冒刃：敢于冒险。刃，刀口、刀锋，比喻危险。

④ 接武：前后足迹相连。武，足迹。这里指步伐稳健整齐。

⑤ 拔距：古代的一种运动游戏，一说比腕力，一说跳跃。伸钩：把弯钩给拉直。

⑥ 强梁：强横、强暴。

⑦ 寇：底本作"冠"，疑有误，今据《武经七书汇解》进行校改。寇兵，即像盗贼一样出没无常的军队。

⑧ 赘（zhuì）婿：指成婚定居于女家的男子。秦汉时赘婿地位等同于奴婢，后世有所改变。

⑨ 励钝：激励迟钝萎靡之人，让他重新振作起来。

⑩ 胥靡：刑徒囚犯。

⑪ 兼人：过人，胜人。

【大意】

武王问太公说："应该怎样选编士卒呢？都有哪些办法？"

太公答道："把军队中那些勇气超人、不怕牺牲、不怕受伤的人，编为一队，叫作冒刃之士；把那些锐气旺盛、年轻壮勇、强横凶暴的人，编为一队，叫作陷阵之士；把体态奇异、善用长剑、步履稳健、动作整齐的人，编为一队，叫作勇锐之士；把那些臂力过人，能拉直铁钩，强壮有力，能冲入敌阵捣毁敌人金鼓、夺下敌人旗帜的人，编为一队，叫作勇力之士；把那些能够翻越高山行走远路、轻足善走的人，编为一队，叫作寇兵之士；把那些曾经是贵族大臣而已失势，想重建功勋的人，编为一队，叫作死斗之士；把那些阵亡将帅的子弟，急于为自己父兄报仇的人，编为一队，叫作敢死之士；把那些曾入赘为婿和当过敌人俘虏，要求扬名遮丑的人，编为一队，叫作励钝之士；把那些因贫穷而愤怒不满，要求立功受赏而达到富足心愿的人，编为一队，叫作必死之士；把那些免罪囚犯，要掩盖自己耻辱的人，编为一队，叫作幸用之士；把那些才技过人，能任重致远的人，编为一队，叫作待命之士。这就是军队中选编士卒的方法，不可不清楚了解。"

教 战

【原文】

武王问太公曰:"合三军之众,欲令士卒服习①教战之道奈何?"

太公曰:"凡领三军,必有金鼓之节②,所以整齐士众者也。将必先明告吏士,申之以三令,以教操兵起居③、旌旗指麾④之变法。故教吏士,使一人学战,教成,合之十人;十人学战,教成,合之百人;百人学战,教成,合之千人;千人学战,教成,合之万人;万人学战,教成,合之三军之众;大战之法,教成,合之百万之众。故能成其大兵,立威于天下。"

武王曰:"善哉!"

【注释】

① 服习:从事、学习、熟悉。

② 节:节制,指挥。

③ 操兵起居:操持兵器,练习各种格斗的动作。操兵,指使用兵器。起居,指坐、站、进、退、分、合等。

④ 麾:同"挥",即指挥。

【大意】

武王问太公说:"集合全军部队,要使士卒接受军事训练,熟练掌握基本的战斗技能,应该使用哪些训练方法呢?"

太公答道:"凡是统率三军,必须用金鼓来进行指挥,这是为了使全军的行动能够做到整齐划一。将帅必须首先明确告诉官兵应该怎样来操练,并且要反复申明,讲解清楚,然后再训练他们如何操持兵器,熟悉各种格斗动作以及根据各种旗帜和指挥信号的变化而行动的方法。所以,训练军队时,首先要进行单兵教练,等单兵教练完成后,再十人合练;十个人一起学习战法,教练完成后,再百人合练;一百个人一起学习战法,教练完成后,再千人合练;一千个人一起学习战法,教练完成后,再万人合练;一万个人一起学习战法,教练完成后,再全军合练;全军一起学习大型作战的方法,教练完成后,再进行百万大军的合练。这样,就能够造就强大的军队,从而扬威天下。"

武王说:"您说得真好啊!"

均 兵

【原文】

武王问太公曰:"以车与步卒战,一车当几步卒?几步卒当一车?以骑与步卒战,一骑当几步卒?几步卒当一骑?以车与骑战,一车当几骑?几骑当一车?"

太公曰:"车者,军之羽翼①也,所以陷坚陈,要②强敌,遮走北也;骑者,军之伺候③也,所以踵④败军,绝粮道,击便寇⑤也。故车骑不敌战⑥,则一骑不能当步卒一人。三军之众成陈而相当,则易战⑦之法,一车当步卒八十人,八十人当一车。一骑当步卒八人,八人当一骑。一车当十骑,十骑当一车。险战⑧之法,一车当步卒四十人,四十人当一车。一骑当步卒四人,四人当一骑。一车当六骑,六骑当一车⑨。夫车骑者,军之武兵也。十乘败千人,百乘败万人。十骑败百人,百骑走千人,此其大数也。"

武王曰:"车骑之吏数⑩、陈法奈何?"

太公曰:"置车之吏数,五车一长,十车一吏,五十车一率⑪,百车一将。易战之法,五车为列,相去四十步,左右十步,队间六十步。险战之法:车必循道,十车为聚⑫,二十车为屯,前后相去二十步,左右六步,队间三十六步。五车一长。纵横相去二里,各返故道。

"置骑之吏数,五骑一长,十骑一吏,百骑一率,二百骑一将。易战之法，五骑为列，前后相去二十步，左右四步，队间五十步。险战之法：前后相去十步，左右二步，队间二十五步。三十骑为一屯，六十骑为一辈⑬。十骑一吏，纵横相去百步，周环各复故处。"

武王曰："善哉！"

【注释】

① 军之羽翼：指战车对于军队来说，就好比是鸟的羽翼一样。有了战车，军队的战斗力才能得到增强。

② 要：同"邀"，邀击。

③ 军之伺候：指军队中的骑兵就如同侦察人员一样，是窥探敌人，乘敌之隙的。

④ 踵：跟踪追击。

⑤ 便寇：敌人的游动部队。

⑥ 车骑不敌战：指车骑使用的地形不适宜，车骑的编制配合不恰当。

⑦ 易战：在平坦宽阔的地方作战。

⑧ 险战：在险厄狭隘的地方作战。

⑨ 车：底本作"卒"，疑有误，今据《武经七书汇解》进行校改。

⑩ 吏数：军官的数量。

⑪ 率：指车兵的一级单位。

⑫ 聚：车兵的一种战斗编组。

⑬ 辈：骑兵的一种战斗编组。

【大意】

武王问太公说:"用战车与步兵进行交战,一辆战车相当于几名步兵?几名步兵相当于一辆战车?用骑兵与步兵交战,一名骑兵相当于几名步兵?几名步兵相当于一名骑兵?用战车与骑兵交战,一辆战车能够相当于几名骑兵?几名骑兵相当于一辆战车?"

太公回答道:"战车,就如同军队的羽翼,具有强大的战斗力,是用来攻坚陷阵,截击强敌,切断敌军退路的;骑兵,则是军队的眼睛,可以用来侦察警戒,跟踪追杀溃败之敌,切断敌人的粮道,以及袭击散乱流窜的敌人。但是,在战斗中,如果战车和骑兵配备得不恰当,一名骑兵甚至还抵不上一名步兵。应该把全军布列成阵,让车、骑、步兵配合得当。这样的话,在平坦地形上作战的一般法则是:一辆战车可以抵挡八十名步兵,八十名步兵相当于一辆战车的战斗能力。一名骑兵可以抵挡八名步兵,八名步兵可以抵挡一个骑兵。一辆战车可以抵挡十名骑兵,十名骑兵可以抵挡一辆战车。在险阻地形上作战的一般法则是:一辆战车可以抵挡四十名步兵,四十名步兵可以抵挡一辆战车。一名骑兵可以抵挡四名步兵,四名步兵可以抵挡一名骑兵。一辆战车可以抵挡六个骑兵,六个骑兵可以抵挡一辆战车。战车和骑兵是军队中最具有威力的兵种,十辆战车可以击败上千名敌人,百辆战车可以击败上万名敌人。十个骑兵可以击败一百名步兵,百名骑兵可以击败上千名步兵,这些都是大概的数字。"

武王问:"战车和骑兵的军官数量配置和作战方法应该是怎样的?"

太公答道："战车应配备的军官数量是：五辆战车设一长，十辆战车设一吏，五十辆战车设一率，一百辆战车设一将。在平坦地形上作战的方法是：五辆战车并为一列，每列前后相距四十步，每辆战车的左右间隔为十步，每队间的前后距离和左右间隔各为六十步。在险阻地形上作战的方法是：战车必须沿着道路前进，十辆战车为一聚，二十辆战车为一屯。车与车之间前后的距离为二十步，左右间隔为六步，每队间的前后距离和左右间隔各为三十六步。五辆战车设一长，活动范围前后左右各二里，战车撤出战斗后仍按原路返回。

"骑兵应配备的军官数量是：五名骑兵设一长，十名骑兵设一吏，百名骑兵设一率，二百名骑兵设一将。在平坦地形上作战的方法是：五骑为一列，每列前后间隔二十步，每骑左右间隔四步，队与队之间的前后距离和左右间隔各为五十步。在险阻地形上作战方法是：每列前后相距十步，左右间隔二步，队与队之间的前后距离和左右间隔各为二十五步。三十名骑兵为一屯，六十名骑兵为一辈，十名骑兵设一吏，活动范围前后左右各百步，撤出战斗后各自返回原来的位置。"

武王说："您说得真好啊！"

武车士

【原文】

武王问太公曰:"选车士①奈何?"

太公曰:"选车士之法:取年四十以下,长七尺五寸以上;走能逐奔马,及驰而乘之;前后、左右、上下周旋;能缚束旌旗、力能彀八石弩②,射前后左右皆便习者。名曰武车之士,不可不厚也。"

【注释】

① 车士:战车上的武士。

② 彀(gòu):把弓弩拉满。八石弩:即拉力为四百四十斤的强弩。石(dàn),古代计量单位,一百二十斤为一石。周代每斤合今228.86克,八石相当于今之440斤。

【大意】

武王问太公说:"挑选战车上的武士有什么标准?"

太公答道:"挑选战车上武士的标准是:选取年龄在四十岁以下、身高在七尺五寸以上的;跑起来能够追得上疾驰的马,能在奔驰中跳上战车;能够在战车的前后、左右、上下各方应战;能够站在车上执掌旌旗,力大能把八石弩拉满,熟练地向左右、前后射箭的武士。这种武士称之为'武车士',对他们不可不厚待。"

武骑士

【原文】

武王问太公曰:"选骑士①奈何?"

太公曰:"选骑士之法,取年四十已下,长七尺五寸已上;壮健捷疾,超绝伦等②;能驰骑彀射,前后、左右、周旋进退;越沟堑,登丘陵,冒险阻,绝大泽③;驰④强敌,乱大众者。名曰武骑之士,不可不厚也。"

【注释】

① 骑士:骑马作战的武士,即骑兵。
② 超绝伦等:指体格壮健、身手敏捷,身体素质远超一般人。
③ 泽:聚水的洼地、河流、湖泊。
④ 驰:追逐,追赶。

【大意】

武王问太公说:"挑选骑兵有什么标准吗?"

太公答道:"挑选骑兵应选取年龄四十岁以下,身高七尺五寸以上的;体格壮健、身手敏捷,身体素质远超一般人的;能够在骑马疾驰时挽弓射箭,并在前后、左右各个方向应战,进退自如的;能策马越过沟堑,攀登丘陵,冲过险阻,渡过大河,追杀强敌,打乱众多敌人的。这种人可称之为'武骑士',对他们不可不厚待。"

战　车

【原文】

武王问太公曰："战车奈何？"

太公曰："步贵知变动，车贵知地形，骑贵知别径奇道①，三军同名而异用也。凡车之死地②有十，其胜地③有八。"

武王曰："十死之地奈何？"

太公曰："往而无以还者，车之死地也；越绝险阻，乘敌远行者，车之竭地也；前易后险者，车之困地也；陷之险阻而难出者，车之绝地也；圮下渐泽④、黑土黏埴⑤者，车之劳地也；左险右易，上陵仰阪⑥者，车之逆地也；殷⑦草横亩，犯历深泽者，车之拂⑧地也；车少地易，与步不敌者，车之败地也；后有沟渎，左有深水，右有峻阪者，车之坏⑨地也；日夜霖雨，旬日不止，道路溃陷，前不能进，后不能解者，车之陷地也。此十者，车之死地也。故拙将之所以见擒，明将之所以能避也。"

武王曰："八胜之地奈何？"

太公曰："敌之前后行阵未定，即陷之；旌旗扰乱，人马数动，即陷之；士卒或前或后，或左或右，即陷之；阵不坚固，士卒前后相顾，即陷之；前往而疑，后恐而怯，即陷之；三军卒惊，皆薄而起，即陷之；战于易地，暮不能解，即陷之；远行而暮舍，三军恐惧，即陷之。此八者，车之胜地也。将明于十害八胜，敌虽围周，千乘万骑，前驱旁驰，万战必胜。"

武王曰："善哉！"

【注释】

① 别径奇道：抄小路、走捷径。

② 死地：对自己不利的地形。

③ 胜地：对自己有利的情况。

④ 圮下渐泽：指道路坍塌，积水甚多。圮（pǐ），坍坏、摧毁。下，低下。渐，浸水。泽，沼泽、洼地。

⑤ 黏埴：指道路泥泞不堪。埴，黏土。

⑥ 仰阪：登山爬坡。阪，山坡。

⑦ 殷：茂盛。

⑧ 拂：逆，不顺利。

⑨ 坏：指车毁兵败。

【大意】

武王问太公说："战车在作战时都有哪些方法？"

太公答道："步兵作战贵在掌握情况的变化，战车作战贵在掌握地形的状况，骑兵作战贵在掌握捷径。战车、步兵、骑兵都属作战部队，只是作战的方法有所不同。战车作战时，主要有十种对自己不利的地形，也有八种对自己有利的情况。"

武王问："十种对自己不利的情况都有哪些呢？"

太公答道:"可以前进却不能返回的,就是战车的死地;越过险阻、长途追击敌人的,就是战车的竭地;前面道路平坦易行,后面道路险阻难通的,就是战车的困地;陷入险阻而难以出来的,就是战车的绝地;道路塌毁、积水甚多、泥泞不堪的,就是战车的劳地;左面险阻、右面平坦,还要向上爬坡的,就是战车的逆地;到处长满深草,还要渡过深水的,就是战车的拂地;战车数量少,地形却很平坦,战车抵挡不了敌人步兵攻击的,就是战车的败地;后面有沟渠,左边有深水,右边有高坡的,就是战车的坏地;昼夜下着大雨,十多天不停,道路毁坏,向前不能进,向后不能退的,就是战车的陷地。这十种地形都是战车的死地。那些笨拙的将领由于不了解这十种死地的危害,所以往往兵败而被擒;那些有智谋的将领则能避开这十种死地。"

武王问:"那八种对自己有利的情况,都有哪些呢?"

太公答道:"敌人前后队列还没有整好时,就乘机用战车攻破它;敌人的旌旗出现紊乱,指挥失当,人马不断调动时,就乘机用战车攻破它;敌人的士卒有的向前,有的退后,有的往左,有的往右时,就乘机用战车攻破它;敌人阵势不稳,士卒在前后相互观望时,就乘机用战车攻破它;敌人在前进时犹疑不定,后退时又恐惧害怕时,就乘机用战车攻破它;敌人全军突然受惊,士卒惊慌失措,行为失控时,就乘机用战车攻破它;敌人在平坦的地形上与我交战,到傍晚还未结束战斗时,就乘机用战车攻破它;敌人长途行军,到天黑才宿营,三军恐惧不安时,就乘机用战车攻破它。这八种都是对战车作战有利的情况。作为将帅,只要知道了上述战车作战的十种不利和八种有利的情况,即使敌人对我军进行四面包围,用千辆战车和万名骑兵向我军发起正面进攻和两侧突击,我军也能够每战必胜。"

武王说:"您说得真好啊!"

战 骑

【原文】

武王问太公曰:"战骑奈何?"

太公曰:"骑有十胜九败①。"

武王曰:"十胜奈何?"

太公曰:"敌人始至,行阵未定,前后不属,陷其前骑,击其左右,敌人必走;敌人行阵整齐坚固,士卒欲斗,吾骑翼而勿去,或驰而往,或驰而来,其疾如风,其暴如雷,白昼而昏,数更旌旗,变易衣服,其军可克;敌人行阵不固,士卒不斗,薄其前后,猎②其左右,翼而击之,敌人必惧;敌人暮欲归舍,三军恐骇,翼其两旁,疾击其后,薄其垒口③,无使得入,敌人必败;敌人无险阻保固,深入长驱,绝其粮路,敌人必饥;地平而易,四面见敌,车骑陷之,敌人必乱;敌人奔走,士卒散乱,或翼其两旁,或掩其前后,其将可擒;敌人暮返,其兵甚众,其行阵必乱,令我骑十而为队④,百而为屯,车五而为聚,十而为群,多设旌旗,杂以强弩,或击其两旁,或绝其前后,敌将可虏。此骑之十胜也。"

武王曰:"九败奈何?"

太公曰:"凡以骑陷敌,而不能破阵,敌人佯走,以车骑返击我后,此骑之败地也;追北逾险,长驱不止,敌人伏我两旁，又绝我后，此骑之围地也；往而无以返，入而无以出，是谓陷于天井，顿于地穴⑤，此骑之死地也；所从入者隘，所从出者远，彼弱可以击我强，彼寡可以击我众，此骑之没地也；大涧深谷，翳秽林木，此骑之竭地也；左右有水，前有大阜，后有高山，三军战于两水之间，敌居表里⑥，此骑之难地也；敌人绝我粮道，往而无以返，此骑之困地也；污下沮泽⑦，进退渐洳，此骑之患地也；左有深沟，右有坑阜⑧，高下如平地，进退诱敌，此骑之陷地也。此九者，骑之死地也。明将之所以远避，暗将之所以陷败也。"

【注释】

① 十胜：十种能够取胜的战机。但原文只有八胜，可能有脱漏。九败：九种导致失败的情况。

② 猎：打猎，这里指袭击。

③ 垒口：营垒的入口处。

④ 队：与下文的屯、聚、群，均为古代骑兵作战时的编组单位。

⑤ 地穴：凹陷的地形。

⑥ 敌居表里：指敌人内据山险、外据水要，占据了有利的地形。

⑦ 沮泽：水草丛聚之地。

⑧ 坑阜：指大坑。坑，凹陷之地。阜，大。

【大意】

武王问太公说:"骑兵在实际的战法中有哪些具体方法?"

太公答道:"骑兵作战有十胜和九败。"

武王问:"十胜指的是哪些?"

太公答道:"敌人刚刚来到,行列阵势还不稳定,前后不相衔接,我军趁机用骑兵击破敌军的先头骑兵部队,夹击其两翼,敌人必然会溃逃;敌人行列阵势整齐坚固,士兵斗志正旺的时候,我军便派出骑兵缠住敌人的两翼,时而狂奔过去,时而疾驰回来,快捷如风,迅猛如雷,扬起飞尘,使白天变得如同黑夜,不断更换旗帜,改变服装,使敌军惊恐疑惑,就能够将敌人打败;如果敌人行阵不稳,士卒没有斗志,就派骑兵进逼敌人的正面和后方,袭击其左右,夹击其两翼,敌人必然会震恐,不战自乱;敌人夜晚回营,内心恐惧,就派骑兵夹击其两翼,急速袭击其后队,逼近敌军营垒的出入口,阻止其进入营垒,敌人必然会失败;如果敌人没有险阻地形可以固守,我军便派骑兵长驱直入,切断敌人粮道,使敌人陷入饥饿,军心必乱;如果敌人处于平坦的地形,四面都易遭受攻击,我军便派出骑兵协同战车发起攻击,敌人必然溃乱;在敌人败逃、士卒散乱的时候,我军便派骑兵或从两翼夹击,或从前后袭击,就可以擒获敌军的将帅;敌人在夜晚返回营垒,部队众多,队形一定混乱,这时就命令我骑兵十人为一队、百人为一屯,战车五辆为一聚、十辆为一群,多插旗帜,配备强弩,或攻击其两翼,或断绝其前后,就可以俘虏敌军的将帅。上述这些,就是骑兵在作战中可以取胜的十种战机。"

武王问:"那么九败指的是哪些呢?"

太公答道:"当我军用骑兵攻击敌人,在还没有攻破敌阵的时候,敌人假装逃跑,这时如果我军骑兵前去追击,敌人就会用战车和骑兵攻击我的后方,我军的骑兵将会陷入败地;追击败逃的敌人,越过险阻,长驱深入而不停止,这时如果敌人在我军左右两旁设下埋伏,又断绝我军的后路,就会使我军的骑兵陷入围地;只知道前进却不知后退,只知道进去却不知道出来,这叫作陷入天井之内,困于地穴之中,这时我军的骑兵将陷入死地;前进的道路狭窄,退回的道路迂远,使敌人可以弱击强、以少击多,这时我军的骑兵将陷入没地;遇到大涧深谷,林木茂盛,行动困难,这时我的骑兵将陷入竭地;遇到左右两边都有河流,前面有大山,后面有高岭,我军在两水之间同敌人作战,敌人内守山险,外居水要,这时我军的骑兵将陷入难地;如果让敌人断绝后方的粮道,我军只能前进而没有退路,这时我军的骑兵将陷入困地;如果遇上低洼泥泞、沼泽遍布的地带,使我军进退困难,这时将使我军的骑兵陷入患地;如果遇到左有深沟,右有大坑,高低不平的地形,我军进退都会遭到敌人袭击,这时我军的骑兵已经进入陷地。上述的九种情况,都是骑兵作战的死地,也是明智的将帅所要竭力避开,而昏庸的将帅所以遭遇失败的原因。"

战 步

【原文】

武王问太公曰:"步兵与车骑战①奈何?"

太公曰:"步兵与车骑战者,必依丘陵险阻,长兵强弩居前,短兵弱弩居后,更发更止,敌之车骑虽众而至,坚阵疾战,材士强弩,以备我后。"

武王曰:"吾无丘陵,又无险阻,敌人之至,既众且武,车骑翼我两旁,猎我前后,吾三军恐怖,乱败而走,为之奈何?"

太公曰:"令我士卒为行马、蒺藜,置牛马队伍,为四武冲阵。望敌车骑将来,均置蒺藜,掘地匝后②,广深五尺,名曰'命笼'③。人操行马进退④,阑车以为垒,推而前后,立而为屯⑤,材士强弩,备我左右。然后令我三军皆疾战而必解⑥。"

武王曰:"善哉!"

【注释】

① 与:底本无此字,疑有脱漏,今从《武经七书汇解》进行补正。战,底本无此字,疑有脱漏,今据《武经七书汇解》进行补正。

② 掘地匝(zā)后:指在四周挖掘壕沟。

③ 命笼:《武经七书汇解》注:"言为三军之命运所系也。"意思是说全军的安全都靠这道防线,所以可理解为用沟堑、障碍物等构筑而成的环形防御体系。

④ 进退:底本为"进步",疑有误。今据《施氏七书讲义》进行校改。

⑤ 屯:军屯,营寨。

⑥ 解:同"懈",意为松弛、松懈。

【大意】

武王问太公说:"步兵怎样与敌军的战车、骑兵作战呢?"

太公答道:"步兵与战车、骑兵作战的方法,必须依托丘陵和险阻的地形摆列阵势,把长兵器和强弩配合起来,放在前面;把短兵器和弱弩配合起来,放在后面。轮流战斗,轮番歇息。当敌人大量的战车和骑兵一块儿到达时,我军要坚守阵地、顽强战斗,并命令精锐部队手持强弩戒备后方。"

武王问:"如果我军没有丘陵和险阻的地形可以依靠,而敌军到来的兵力既众多又强大,并用战车和骑兵夹击我军的两翼,突击我军的前后,致使我全军恐惧,士卒溃败逃跑,这时应该怎么办呢?"

太公答道:"在这种情况下,可以命令我军士卒准备好行马、蒺藜等障碍物,并把牛马集中编在一起,将步兵结成四武冲阵。敌军的战车和骑兵即将到来之时,就摆设下大量的蒺藜,同时挖掘环形的壕沟,壕沟的宽度和深度各为五尺,叫作'命笼'。同时命令步兵带着行马进退,用车辆连接成营垒,推着它前后移动,停止下来时即成营寨。命令精锐部队手持强弩戒备左右,然后号令全军猛烈投入战斗,不得有任何松懈。"

武王说:"说得好啊!"

鬼谷子

上卷

捭阖[1]

粤若稽古[2]，圣人之在天地间也，为众生之先[3]。观阴阳[4]之开阖以名命物[5]，知存亡之门户[6]，筹策[7]万类[8]之终始，达人心之理，见变化之朕[9]焉，而守司[10]其门户。故圣人之在天下也，自古及今，其道一也[11]。变化无穷，各有所归[12]，或阴或阳，或柔或刚，或开或闭，或弛或张。

是故圣人一守司其门户，审察其所先后，度权量能[13]，校[14]其伎巧[15]短长。夫贤不肖、智愚勇怯有差[16]。乃可捭，乃可阖；乃可进，乃可退；乃可贱，乃可贵；无为以牧[17]之。审定有无与其实[18]虚，随其嗜欲[19]以见其志意。微排其所言而捭反之，以求其实，贵得其指㉓；阖而捭之㉑，以求其利㉒。或开而示之，或阖而闭之。㉓开而示之者，同其情也；阖而闭之者，异其诚也。可与不可，审明其计谋，以原其同异。离合㉔有守㉕，先从其志㉖。

即欲捭之贵周㉗，即欲阖之贵密。周密之贵微，而与道相追㉘。捭之者，料其情㉙也；阖之者，结其诚㉚也。皆见其权衡轻重㉛，乃为之度数㉜。圣人因而为之虑，其不中权衡度数，圣人因而自为之虑。故捭者，或捭而出之，或捭而内之㉝；阖者，或阖而取之，或阖而去之。捭阖者，天地之道。捭阖者，以变动阴阳，四时开闭，以化万物㉞。纵横反出㉟，反覆反忤㊱，必由此㊲矣。

捭阖者，道之大化，说之变也㊳；必豫审㊴其变化，吉凶大命系焉。口者，心之门户也，心者，神之主也。志意、喜欲、思虑、智谋，皆由门户出入。故关之捭阖，制之以出入。捭之者，开也，言也，阳也；阖之者，闭也，谋也，阴也。阴阳其和，终始其义㊵。故言长生、安乐、富贵、尊荣、显名、爱好、财利、得意、喜欲，为"阳"，曰"始"。故言死亡、忧患、贫贱、苦辱、弃损、亡利、失意、有害、刑戮、诛罚，为"阴"，曰"终"。诸言㊶法阳之类者，皆曰"始"，言善以始其事；诸言法阴之类者，皆曰"终"，言恶以终其谋。

捭阖之道，以阴阳试之。㊷故与阳㊸言者，依崇高；与阴㊹言者，依卑小。以下求小，以高求大。由此言之，无所不出，无所不入，无所不可㊺。可以说人，可以说家，可以说国，可以说㊻天下。为小无内，为大无外㊼。益损、去就、倍反⁴⁸，皆以阴阳御其事。阳动而行，阴止而藏；阳动而出，阴隐而入。阳还终阴，阴极反阳⁴⁹。以阳动者，德相生也；以阴静者，形相成也。以阳求阴，苞以德也；以阴结阳，施以力也。阴阳相求，由捭阖也。此天地阴阳之道，而说人之法也。为万事之先，是谓"圆方之门户"。

【注释】

① 捭阖（bǎi hé）：捭，打开，分开。《礼记·礼运》中有："其燔黍捭豚。"此处意为敞开心怀，积极进取，或接受外部事物及他人的主张。阖，本意为门扇，古语有"用木曰阖，用竹苇曰扇"，后引申为关闭。此处意为关闭心扉，闭藏自己的主见，或不让外来事物进入，采取封闭形态。捭阖，在这里意味着纵横驰骋，大开大合，乃鬼谷学说中的一种基本方法。

② 粤若稽古：粤若，发语词，无义；稽，考察。意为按照一定的规律来考察历史。

③ 众生之先：先，先知，先驱者。指芸芸众生的引导者、先驱者。

④ 阴阳：语出《易经》，中国古代的哲学概念，代表对立统一的两种属性。

⑤ 命物：给万事万物命名。

⑥ 知存亡之门户：门户，原意为房屋的出入口，此处引申为关键，意为生死存亡的关键。

⑦ 筹策：筹划，计划。

⑧ 万类，即万物。

⑨ 朕：征兆，迹象。

⑩ 守司：掌握。

⑪ 其道一也：道，大自然的规律。意为圣人的"道"始终是一致的。

⑫ 各有所归：世间的一切都各有归宿。

⑬ 度权量能：指揣度权衡，估量才能。

⑭ 校（jiào）：比较，对比。

⑮ 伎巧：即技巧。

⑯ 有差：指各有不同和差别。

⑰ 以牧：用来掌握。牧，统治，管理。

⑱ 实：指实情。

⑲ 嗜欲：喜欢，特殊的爱好。

⑳ 指：同"旨"，即宗旨。

㉑ 阖而捭之：此处意为停止发问，开始行动。

㉒ 求其利：研究对方的善恶利害。

㉓ 或开而示之，或阖而闭之：或开放使其显现，或封闭使之隐藏。

㉔ 离合：离，不一致；合，一致。

㉕ 守：遵守，信守。

㉖ 先从其志：先顺应对方的意愿再进行考察。

㉗ 欲捭之贵周：周，周详，不遗漏。当要采取开启之法时，贵在考虑周详。

㉘ 与道相追：与规律贴近的道理。

㉙ 料其情：检查实情。

㉚ 结其诚：使诚心坚定。

㉛ 权衡轻重：指权衡、比较谁轻谁重。

㉜ 为之度数：测量重量与长度的数值。

㉝ 或捭而出之，或捭而纳之：出之，指出去。纳之，收容、接纳。意为或开放，让自己出去；或开放，使别人进来。

㉞ 四时开闭，以化万物：意为就像春夏秋冬四季的开始与结束一样，来促使万物变化。

㉟ 纵横反出：反同"返"。纵与横，返与出，皆是对立的事物。

㊱ 反覆反忤：或反复出入，或相互反抗。

㊲ 必由此：必然是通过捭阖的道理实现的。

㊳ 说之变也：游说之道变化的法则。

㊴ 豫审：预先审查。

㊵ 终始其义：从开始到结束都要符合开放和闭合的道理。

㊶ 诸言：各种言论。

㊷ 捭阖之道，以阴阳试之：意即从阴阳两方面来试探用之。

㊸ 阳：此处指遵循阳道、内心积极的人。

㊹ 阴：即指处于阴势、内心消极的人。

㊺ 无所不入，无所不可：没有什么意图是不能探究出来的，没有什么事是办不成的。

㊻ 说：游说，说服。

㊼ 为小无内，为大无外：意谓处理小的事情，不能仅从事物的内部着眼；处理大的事情，也不能光看事物的外部，要用辩证的观点来对待。

㊽ 倍反：背叛或复归。

㊾ 阳还终阴，阴极反阳：阴阳相生，它们是可以相互转化的。

【大意】

纵观上古历史,可知生活在世间的圣人,都是众人的先导者。他们通过观察阴阳开合的变化来创造万物,并给万物命名。圣人知道万物兴衰存亡的关键,计算和预测事物的发展过程,并能深入人的内心,通晓人内心的细微变化,揭示事物变化的征兆,从而把握事物发展变化的趋势。因此,圣人在世间所尊奉的规律始终是一致的。事物的变化虽然无穷无尽,然而都以避亡趋存作为它们的归宿:或者属阴,或者归阳;或者柔弱,或者刚强;或者开放,或者封闭;或者松弛,或者紧张。

因此,圣人要掌握事物发展变化的关键,考察变化发生的顺序,度量万物的才能,比较万物各自的短长。至于贤良还是不肖,智慧还是愚蠢,勇敢还是怯懦,都是有所区别的。所有这些,都会根据不同情况,分别采用或开放或封闭、或进升或黜退、或轻视或敬重的手段,通过"无为"之为来掌控局势。以虚实来考察对方是否有真的才能,通过对他们的嗜好和欲望的分析来窥视他们的志向和意愿。适当贬抑对方所说的话,然后反驳诘问,以便探究实情,切实把握对方言行的主旨,停止发问,开始采取行动,这样就能获得利益。或将自己的实际情况公开,或将其隐藏起来。公开自己的实情,是为了博取对方的同情和共鸣;隐藏实际情况,是因为对方不以实情相告。要区分什么可行、什么不可行,就要把对方的计谋研究清楚,无论对方的意见与自己相同与否,都必须秉持主见,并区别对待,同时要注意顺应对方来加以考察。

如果用开放之法,重要的是要考虑周详;如果要用封闭之法,重要的是要严守机密。由此可见周全与保密的重要,应当谨慎地遵循这些规律。开放,是为了试探对方的诚意;封闭,是为了坚定对方的诚心。所有这些都是为了使对方的实力和计谋全部显露出来,以便探测出对方计算到了何等程度,圣人也会因此而用心思索。假如权衡失误,谋略未能得当,那么圣人会为自己谋划,留好退路。因此,所谓开放,或者是将自己的思想传播出去,或者是敞开大门让别人可以大胆地走进来。所谓封闭,或者是通过封闭来获取,或者是通过封闭来抛弃。开放和封闭是世界上各种事物发展变化的规律。开放和封闭,都是通过阴阳运行、四季交替来促进世间万物发展变化。不论是万物的纵横交错,还是离开、归复、相互抵触,都必须通过开放或封闭的形式来实现。

开放和封闭既是万物运行的规律,也是游说活动的一种变化形态。游说者必须首先慎重地考察这些变化,吉凶的命运都系于此。口是心灵的门窗,心灵是精神的主宰。人们的意志、情欲、思想和智谋都要由口这个门窗出入。因此,要用开放和封闭来把守这个关口,以控制内心的出入。所谓"捭之",就是开放、发言、公开,这属于阳;所谓"阖之",就是封闭、缄默、隐藏,这属于阴。阴阳协调,开闭有度,才能善始善终。因此长生、安乐、富贵、尊荣、显名、嗜好、财货、得意、欲望等,都属于"阳",叫作"开始"。而死亡、忧患、贫贱、羞辱、毁弃、损伤、失意、灾害、刑戮、诛罚等,则属于"阴",叫作"终止"。凡是那些遵循阳道运行的,都可以称为"新生派",他们常以谈论"善"来开始游说;凡是那些遵循阴道的,则称为"没落派",他们常常无法得以善终。

捭阖之法，如果根据阴阳的方法来解释，那么，与循阳道的人言谈，是依据崇高的原则来引导对方；与循阴道的人言谈，则是依据对方切身的利益来钳制他。用卑下的手段来求取局部成功，以崇高的方法来获取大众的支持。用这两种手段来游说，没有什么意图是不能探明，没有什么事情是办不成的。用这个方法可以说服一个人，可以说服一家，可以说服一国，甚至可以说服天下。要做小事就没有内在的界限；要做大事就不存在外在的界限。所有的损害与利益、离去与到来、背叛与归附等行为，都是运用阴、阳的变化来实行的。阳的特点是运动、前进；阴的特点则是静止、隐藏。阳通过活动显出，阴通过静止而隐匿。阳发展到极致则变成阴，而阴到了极点也就反归为阳。凡是凭阳气行动的人，道德就与之相生；而凭阴气而静止的人，形就会凝聚而成。用阳来追求阴，要靠道德来包容；用阴来接纳阳，则需要力量来约束。阴阳之气相伴相随，是依照并启和封闭的原则，这是天地阴阳运行的道理，又是说服他人的基本方法，是世间万物的先导，因此被称作"天地的门户"。

反 应①

古之大化者②,乃与无形俱生。反以观往,覆以验来③;反以知古,覆以知今;反以知彼,覆以知己。动静④虚实之理,不合于今,反古而求之。事有反而得覆⑤者,圣人之意也,不可不察⑥。

人言者,动也⑦;己默者,静也。因其言,听其辞。言有不合⑧者,反而求之,其应⑨必出。言有象⑩,事有比⑪,其有象比,以观其次。象者象其事,比者比其辞也。以无形求有声。其钓语⑫合事,得人实也。其犹张置网⑬而取兽也,多张其会⑭而司之。道合其事,彼自出之,此钓人之网也,常持其网驱之。其不言无比⑮,乃为之变⑯。以象动之,以报其心,见其情,随而牧之⑰。己反往,彼覆来,言有象比,因而定基。重之袭之,反之覆之,万事不失其辞。圣人所诱愚智⑱,事皆不疑。

故善反听者,乃变鬼神⑲以得其情。其变当也,而牧之审也。牧之不审,得情不明;得情不明,定基不审。变象比,必有反辞,以还听之。欲闻其声反默,欲张反敛⑳,欲高反下,欲取反与。欲开情㉑者,象而比之,以牧其辞㉒。同声相呼,实理同归。或因此,或因彼㉓,或以事上,或以牧下㉔。此听真伪、知同异,得其情诈㉕也。动作言默,与此出入,喜怒由此以见其式㉖,皆以先定为之法则。以反求覆，观其所托㉗，故用此者。己欲平静以听其辞，察其事，论万物，别雄雌。虽非其事，见微知类㉘。若探㉙人而居其内，量其能射其意㉚，符应不失㉛，如螣蛇㉜之所指，若羿㉝之引矢。

故知之始己，自知而后知人㉞也。其相知也，若比目之鱼㉟；其见形也，若光之与影。其察言也不失，若磁石之取针，如舌之取燔骨㊱。其与人也微，其见情也疾。如阴与阳，如圆与方。未见形，圆以道之；既见形，方以事之。进退左右，以是司之。己不先定，牧人不正㊲。事用不巧，是谓忘情失道。己审先定以牧人，策而无形容㊳，莫见其门，是谓天神。

【注释】

① 反应：反，同"返"，返回，亦有反复之意。应，应和。此处指反复试探对方的意图，观察对方的回应。

② 古之大化者：化，教化与指导的意思。此处是指古代的圣人。

③ 反以观往，覆以验来：覆，同"复"，反复之意。反复追溯过去，验证未来。

④ 动静：是指运行和停止，"动"与"静"是相对而言的。

⑤ 反而得覆：回溯过去，反复研究，以便掌握其中的道理。

⑥ 圣人之意也，不可不察：察，仔细观察研究。意为圣人的见解，不可不悉心研究考察。

⑦ 人言者，动也：别人发言，是动。

⑧ 言有不合：对方所说的与自己想要的不符。

⑨ 应：回应。

⑩ 象：象征，征兆。

⑪ 比：类比，比喻。

⑫ 钓语：这里是比喻的说法，意思是说像钓鱼投饵一般，在和别人谈话时施以诱饵，以便引出对方的话头。

⑬ 罝（jū）网：指捕野兽的网。

⑭ 会：指聚集。

⑮ 其不言无比：对方沉默不言或言辞中没有可用于类比、推理的信息。

⑯ 乃为之变：于是就要改变说话的方式。

⑰ 牧之：有针对性地驾驭他。

⑱ 愚智：指愚者和智者。

⑲ 鬼神：指死者的灵魂和万物神明，也指天地间一种精气的聚散变化。

⑳ 敛：收敛。

㉑ 开情：敞开心灵的大门而吐露实情。

㉒ 象而比之，以牧其辞：用比喻、类比的方法引出对方的言辞。

㉓ 或因此，或因彼：指所言之事，或因此发端，或因彼发端。

㉔ 或以事上，或以牧下：或用来侍奉君主，或用来驾驭属下。

㉕ 情诈：指真诚和虚伪。

㉖ 式：规律。

㉗ 观其所托：观对方言辞背后的实情。

㉘ 见微知类：从微小的事情上观察出同一类事物的实质。

㉙ 探：探测。

㉚ 射其意：这里指如射箭一般，准确猜中对方的意图。

㉛ 符应不失：像合于符节一样百试不爽。

㉜ 螣（téng）蛇：传说中一种能飞的蛇，能预知吉凶。

㉝ 羿：指后羿，古代神话传说中的神箭手。

㉞ 知之始己，自知而后知人：假如你想要了解他人，就必须先了解自己。了解自己后，才能知人。

㉟ 比目之鱼：鲽。旧说此鱼一目，须两尾并游。

㊱ 燔（fán）骨：烤肉上的骨头。

㊲ 牧人不正：牧，统驭。指统驭之人无法驾驭对方。

㊳ 形容：此处指形迹。

【大意】

在古代，教化众生的圣人，是与无形的大道共生的。他们追溯过往，察验未来；回顾历史，验证今日；洞察对方，认识自我。动与静、虚与实的原则，如果在当下都得不到验证，那就要从过去的历史中考察前人的经验，以探究原因。有些事情就是要反复探索才能得出结论，这是圣人的见解，不可不详细认真地审察研究。

他人说话，是动；自己沉默，是静。要根据别人的言谈来倾听和辨别对方的真意。如果其言辞与我方想要的不符，那就要反复诘问，对方的应对之辞也必然会满足我方的需要。语言有可以模拟的表象，事物有可以类比的范畴。既有"象"和"比"存在，更要观察藏在对方言辞之下的真实含义。所谓"象"，就是模仿事物，所谓"比"，就是类比言辞。以无形的规律来探求有声的言辞，引诱对方说出与事实一致的言辞，由此就可以刺探到对方的真实意图。这就像张开网捕捉野兽一样，要多布置一些网在野兽出没之处等待猎物落网。只要方法得当，合情合理，那么对方就会主动吐露实情，这就是钓人的"网"。但是，如果经常用言辞之"网"去套对方，那么对方就会沉默不言或者言辞中没有可用于类比、推理的信息，这时就要变换方法，用"象"的办法来打动对手，进而了解对方的思想，使其暴露实情，进而可以有针对性地驾驭对方。自己把话反推过去，对方回应过来，所说的话可以比较类推了，心里便有了底。如此反复，任何事情就都可以从言辞中反映出来，圣人以此引导愚者、感化智者，无疑都会获得成功。

所以，善于从正反两方面听取别人意见的人，常常可以用神鬼莫测的手段探察到实情。他们随机应变，恰如其分，对对方的考察也很详细。审察若不详尽，得到的情报就不全面；情报不全面，大事就难以成定局。要灵活运用比喻和类比，对方必有回应，就能从中听取对方的真意。想要听别人讲话，自己就要先沉默；想要敞开心扉，反而应当先收敛；想要升高，就要先下降；想要获取，就要先给予。要想了解对方的真实意图，就要善于运用比喻和类比的方法，以便把握对方的言辞。同类的声音能够彼此呼应，合乎实际的道理才会有同样的结果。或是将这方法用于此处，或是用于彼处；或者用来侍奉君主，或者用来管理下属。这就是听出对方言辞的真伪，了解异同，分辨对手真诚或者诡诈的方法。动作言语都会通过这些表现出来，喜怒哀乐也都可借助这些看出规律，这些都是以我方先做好准备为前提。可以通过反推之法来探求对方的回应，观察对方的实情。所以用这种方法，自己首先要平静，以便听取对方的言辞，考察事理，论说万物，辨别好坏。虽然有时所说的并非事情本身，但是可以根据微小的征兆，来探索出同一类事物的实质。就像钻入人心来探测人一般，首先要知悉对方的能力，再摸清对方的意图，最终才能像验合符契一样可靠，像腾蛇预示祸福一样准确，像后羿射箭一样百发百中。

所以想要了解外物，要先从了解自己开始，只有先了解自己，然后才能了解别人。这样，双方对彼此的了解才能像比目鱼一样没有距离。明了对方的情形，就像光和影一样不差毫厘；观察对方的言辞，就像磁石吸取钢针，或用舌头剔除烤肉中的骨头一样万无一失。与人相处，自己暴露给对方的，要做到微乎其微，而窥探对手的行动却要又多又快。无论用于"阴"或者"阳"的情况，"圆"或"方"的事物，都可以得心应手。在情况还未明朗之时，则说一些迎合对方的话，引导其说出实情；在情况明朗之后，则要用设计好的对策应付对方。无论是向前、向后，还是向左、向右，都可用这个方法来应对。如果自己不事先制定好策略，就无法驾驭别人。做事不够灵活，没有技巧，叫作"忘情失道"。自己首先要确定策略，才可能驾驭众人，制定的策略要不露痕迹，让旁人看不到其门道所在，这样才可以像"天神"一样圣明。

内 揵①

　　君臣上下之事，有远而亲②，近而疏③，就之不用，去之反求④。日进前而不御，遥闻声而相思。⑤事皆有内揵，素结本始⑥。或结以道德，或结以党友，或结以财货，或结以采色⑦。用其意⑧，欲入则入，欲出则出；欲亲则亲，欲疏则疏；欲就则就，欲去则去；欲求则求，欲思则思。若蚨母⑨之从子也，出无间，入无朕，独往独来，莫之能止。内者，进说辞也；揵者，揵所谋⑩也。欲说者，务隐度⑪；计事者，务循顺⑫。阴虑可否，明言得失，以御⑬其志。

　　方⑭来应时⑮，以合其谋。详思⑯来揵，往应时当也。夫内有不合者，不可施行也。乃揣切⑰时宜，从便所为，以求其变。以变求内者，若管取揵。

　　言往者，先顺辞也；说来者，以变言也。善变者，审知地势，乃通于天，以化四时；使鬼神，合于阴阳，而牧人民。见其谋事，知其志意。事有不合者，有所未知也。合而不结者，阳亲而阴疏。事有不合者，圣人不为谋也。故远而亲者，有阴德⑱也；近而疏者，志不合也。就而不用者，策不得也；去而反求者，事中来也。日进前而不御者，施不合也；遥闻声而相思者，合于谋以待决事⑲也。故曰："不见其类⑳而为之者见逆㉑，不得其情而说之者见非㉒。得其情，乃制其术㉓。此用可出可入，可揵可开。"故圣人立事㉔，以此先知而揵万物。

由夫道德、仁义、礼乐、忠信、计谋，先取《诗》《书》，混说损益㉕，议论去就㉖。欲合者用内，欲去者用外㉗，外内者必明道数㉘。揣策来事㉙，见疑决之。策无失计，立功建德。治名入产业，曰揵而内合。上暗不治㉚，下乱不寤㉛，揵而反之㉜。内自得㉝而外不留㉞，说而飞㉟之。若命自来，己迎而御之㊱。若欲去之，因危与之。环转因化，莫知所为，退㊲为大仪㊳。

【注释】

① 内揵（jiàn）：内，指内心，内情；揵，原意为门闩，此处有坚持、束缚之意。《庄子·庚桑楚》："夫外韄者，不可繁而捉，将内揵；内韄者，不可缪而捉，将外揵。"此处指要从内心与君王沟通，通过进献言辞以达到情投意合、揵开自如的目的。

② 远而亲：身远反得到亲近。

③ 近而疏：身近反遭疏远。

④ 就之不用，去之反求：有人主动亲近君主却得不到重用，有人离去以后却受到诏请。

⑤ 日进前而不御，遥闻声而相思：有人每天在君主身边却不能取得君主的信任，有人只是远远听闻他的名声，君主却急切地想得到他。

⑥ 素结本始：指将平常之事与本源联系起来。

⑦ 采色：这里指满足耳目视听之好的女色、音乐、歌舞等娱乐形式。

⑧ 用其意：顺着对方的意思。

⑨ 蚨（fú）母：青蚨，一种昆虫，形似蝉而稍大。

⑩ 捷所谋：进献计策。

⑪ 隐度：暗中揣测、估量。

⑫ 循顺：顺着对方的意愿。

⑬ 御：指迎合。

⑭ 方：指方法、计谋。

⑮ 应时：指合乎时宜。

⑯ 详思：周密地思考。

⑰ 揣切：揣摩、权衡。

⑱ 阴德：指暗合心意。

⑲ 决事：参与决断国家大事。

⑳ 类：类似、共通的地方。

㉑ 见逆：被排斥。

㉒ 见非：被否定。

㉓ 术：手段、方法。

㉔ 立事：成就事业。

㉕ 先取《诗》《书》，混说损益：引用《诗》《书》，夹杂自己的观点。

㉖ 议论去就：议论时局，决定去留。

㉗ 欲合者用内，欲去者用外：如果决定辅助君主，那么就要与君主的内心相结交；如果要离开，那么就不用去迎合君主的内心了。

㉘ 外内者必明道数：在决定内外之事时，应该明确其中的道理和方法。

㉙ 揣策来事：揣摩判断未来的事情。

㉚ 上暗不治：君主昏庸，国家得不到治理。

㉛ 下乱不寤：臣下作乱，而君主却察觉不到自身的问题。

㉜ 捷而反之：返回，不再为其谋划。

㉝ 自得：自以为得计。

㉞ 外不留：不接受他人的建议和主张。

㉟ 飞：假意表扬。

㊱ 若命自来，已迎而御之：君主有令诏自己前去，就接受诏令并按自己意愿辅佐君主。

㊲ 退：指全身而退。

㊳ 大仪：大法，基本法则。

【大意】

君臣之间的关系微妙而复杂，有的人与君主相距很远反而受君主亲近，有的人与君主近在咫尺反而被君主疏远。有的人主动亲近却得不到重用，有的人在离开君主以后还被君主诏请重用。有的人天天都在君主眼前却不被信任，有的人被君主听闻声名即渴望他的到来。凡事都有内在的关系，而君臣关系源于君臣平时的结交方式。有的靠道德结交，有的靠志同道合的朋友结交，有的靠钱财结交，有的以美色与娱乐结交。顺着君主之意，做到想进来就进来，想出去就能出去；想亲近就亲近，想疏远就能疏远；想投靠就可投靠，而想离开就能离开；想被征召就能被征召，想要被思念就能被思念。就像青蚨母子相伴而不分离一样，出入皆不留痕迹，独来独往，谁也无法阻止它。所谓"内"，就是进献言辞；所谓"捷"，就是向君主进献计谋。所以，若要游说君主，必须先暗中揣测君主的真实想法和意图；要想向君主进献计谋，必须顺着君主的意愿。自己先私下考虑计策是否可行，再对君主说出行事之得失，从而迎合君主的想法。

向君主进献计策时要合乎时宜，以便和君主内心的谋划相吻合。在进言之前一定要事先考虑周详，进言的内容一定要顺应当下的形势。如果自己的进言有不合君意之处，这决策就不能付诸实践。此时就要重新揣摩形势的需要，从君主的利益出发，求得决策的改变。这样，以灵活变通的方式使君主接受新决策，就好比用钥匙开锁那样得心应手了。

游说时与人谈论过去的事情，必须先采用顺从对方心意的言辞；游说时探讨未来的事情，一定要采用灵活变通的言辞。善于把握时事变化的人，要详细了解各国地理形势、精通天文四时的变化；只有这样，才能沟通天道，化育四时，驱使鬼神，符合阴阳变化的规律，从而对统治民众有充分的把握。了解君主谋划的事情，就能明白君主的意图。所办的事情凡有不合君主之意的，是因为对君主的意图还有不了解的地方。虽然意见一致，却不能密切结合，那是因为只停留于表面亲近，而实际上内心还很疏远。如果与君主的意见不能达成一致，圣人是不会为君主出谋划策的。所以说，与君主相距很远却受到亲近的人，是因为他们能与君主心意暗合；距离君主很近却被疏远的人，是因为他们与君主心意不能契合；投奔而来却不被重用，是因为他们的谋略没有实际的效果；革职离去而能再被诏求，是因为他们的主张后来被证明可行；每天都能出现在君主面前却不被信任，是因为他们的行为不合君主之意；距离遥远只听到名号却被君主惦记，是因为其主张恰好与君主相合，君主正等其来参与决断大事。所以说，没有找到双方的共通之处就开始行动，一定会事与愿违、无功而返；在还没掌握实际情况的时候就去游说的人，一定会受到非议、遭遇抵触排斥。只有全面了解了具体情况，再依据实际情况确定周详的方法，这样去推行自己的主张，才可以达到进退自如的境界；既可以进谏君主，坚持己见，又可以放弃自己的主张，随机应变。所以圣人立身处世，以这种方法得知事情是否可行，从而驾驭万物。

　　游说时要依从道德、仁义、礼乐、忠信和计谋等进言。首先引用《诗经》和《尚书》的语句，表达自己的观点，议论时局，决定离去还是留下。如果决定辅助君主，那么就要与君主的内心相交结；如果要离开，那么久不用去迎合君主的内心了。处理内外大事，都必须明确理论和方法。想要预知未来的事情，就要善于在各种疑难面前当机立断，在运用策略时做到万无一失，如此便能不断建功立业，积累德政。既能处理好君臣关系，又能辅佐君王治理百姓，让百姓从事生产，这才是"对内部的巩固"。如果君王昏庸不理政务，臣民作乱而君王尚不悟而觉察，则可考虑返回，不再为其谋划。君王自鸣得意、刚愎自用，那就用赞美的话来影响他的决策。如果朝廷诏令任用自己，就积极地接受任命，按照自己的意思辅佐君王。如果自己要离开君主，就说自己继续留在君主身边将会危害到他，这样君主就自然会放行。要做到像圆环一样灵活转换，使旁人看不出你的意图所在。做到这样，可以说是能懂得全身而退的大法则了。

抵巇①

物有自然，事有合离②。有近而不可见，有远而可知。近而不可见者，不察其辞也；远而可知者，反往③以验来④也。巇者，罅⑤也。罅者，㵎也。㵎者，成大隙也。巇始有朕，可抵而塞，可抵而却，可抵而息，可抵而匿，可抵而得。此谓抵巇之理也。

事之危⑥也，圣人知之，独保其身。因化⑦说事，通达计谋，以识细微。经起秋毫之末⑧，挥之于太山⑨之本。其施外，兆萌芽蘖⑩之谋，皆由抵巇。抵巇之隙，为道术用。

天下纷错⑪，士无明主；公侯无道德，则小人谗贼⑫，贤人不用。圣人窜匿⑬；贪利⑭诈伪者作。君臣相惑，土崩瓦解而相伐射⑮。父子离散，乖乱⑯反目。是谓萌芽巇罅。圣人见萌芽巇罅，则抵之以法。世可以治则抵而塞之，不可治则抵而得之⑰。或抵如此，或抵如彼。或抵反之⑱，或抵覆之⑲。五帝⑳之政，抵而塞之。三王㉑之事，抵而得之。诸侯相抵㉒，不可胜数。当此之时，能抵为右㉓。

自天地之合离、终始，必有巇隙，不可不察也。察之以捭阖，能用此道，圣人也。圣人者，天地之使㉔也。世无可抵㉕，则深隐而待时㉖；时有可抵㉗，则为之谋㉘。此道可以上合㉙，可以检下㉚。能因能循，为天地守神㉛。

【注释】

① 抵巇（xì）：抵，堵塞；巇，缝隙。柳宗元《乞巧文》中有："变情徇势，射利抵巇。"抵巇，此处指弥补不足、填补漏洞。

② 物有自然，事有合离：物有自然之理，事有聚合分离。

③ 往：指过去。

④ 来：指将来。

⑤ 罅：间隙、裂痕。

⑥ 事之危：事物出现危险征兆。

⑦ 因化：顺应变化。

⑧ 秋毫之末：秋季鸟类羽毛的末端，此处指最细微的事物。

⑨ 太山：泰山。

⑩ 兆萌芽蘖：兆萌，征兆萌芽，即出现微小的征兆；芽蘖，伐木后从根部生长出的新芽。喻新的小计谋、小对策。

⑪ 纷错：错乱、混乱。

⑫ 谗贼：进谗言迫害忠良。

⑬ 窜匿：逃离隐藏。

⑭ 贪利：贪图功利。

⑮ 伐射：指互相攻伐。

⑯ 乖乱：行为乖张，违背常理。

⑰ 抵而得之：通过"抵巇"之法毁掉当前秩序，再建立新的秩序。

⑱ 反之：帮助其恢复原样。

⑲ 覆之：指颠覆对方。

⑳ 五帝：中国古代五位帝王，一说为黄帝、颛顼、帝喾、尧、舜。

㉑ 三王：指夏商周三朝的开国君主，即夏禹、商汤、周文王。

㉒ 诸侯相抵：诸侯国之间互相抵制与对抗。

㉓ 右：上位。

㉔ 天地之使：天地的使者。

㉕ 世无可抵：乱世无法补救。

㉖ 深隐而待时：深深隐居以等待时机。

㉗ 时有可抵：指有补救的机会。

㉘ 为之谋：为治理乱世而筹划计谋。

㉙ 上合：与上层合作。

㉚ 检下：约束民众。

㉛ 为天地守神：意谓能掌握天地间万事万物变化的规律。

【大意】

万物都有既定的规律，万事都有聚散离合。有时距离很近却看不见，有时距离很远却能熟知。距离很近却看不见，是因为没有考察对方的言辞；距离很远却能熟知，是因为能够回头考察过去而预测未来。所谓"巇"，就是"罅"，而"罅"就是裂痕，裂痕会由小变大，就像山岬逐渐变成大峡谷一样。在裂痕刚刚出现的时候，是有征兆的，这时可以采取不同的手段来对待：或是堵塞，或是消除，或是平息，或是隐藏。如果裂痕太大，就可将其彻底废弃，用新的事物来取代它。这就是"抵巇"的道理。

当事物出现危机征兆的时候，圣人能敏锐地察觉，并采取措施，保全自身。根据事物的变化来分析和使用各种计谋，由此发现微小裂缝出现的原因。万事万物的变化在开始时都像秋天鸟类身上长出的细毛末端一样微小，但如果任由其发展，其破坏性之大，就连泰山的根基也会被动摇。当圣人对外施策时，即使是很细微的危险征兆，也可以用抵巇的方法来处理。用抵巇的方法来弥补裂缝，这就是一种道术的运用。

天下混乱不堪，朝廷没有贤明的君王；公侯们没有应有的道德，则会让小人进谗言迫害忠良；贤良的人得不到重用，圣人逃匿躲藏起来；贪图利禄、奸诈虚伪的人作威作福，君臣之间互相怀疑，国家四分五裂，各种势力甚至互相征伐激战；父子离散，骨肉反目成仇，这些可以看作是国家"轻微的裂痕"。当圣人看到这些轻微的裂痕时，就会用"抵巇"之法处理。当世道还可治理时，就采取"抵巇"之法，使裂缝得到弥合，使之重新走上正轨；如果世道已经崩坏到无药可救，就将其彻底打破，并重新建立新的秩序。或者这样"抵"，或者那样"抵"；或者通过"抵"使其恢复原貌，或者通过"抵"将其重新塑造。五帝的圣明政治，是用了"抵而塞之"之道；而三王从事的大事，则是"抵而得之"之道。诸侯之间互相征伐，斗争不断，不可胜数，而在此混乱的时代，善于使用"抵巇"之法的诸侯才是强者。

从天地之间有了离合、终始以来，万事万物就无不存在裂痕，这一点不可不觉察。用"捭阖"之法去觉察，并用抵巇术解决它，这就是圣人。圣人是天地的使者，当世道混乱、无法补救的时候，就隐居深处以等待时机；当世道有补救的机会时，就出来出谋划策。此法上可以辅佐君王，下可以约束百姓。如果能够遵循抵巇的法则，那么就能掌握天地间一切变化的规律。

中卷

飞　箝①

　　凡度权量能②，所以征远来近③。立势而制事④，必先察同异，别是非之语，见内外之辞⑤，知有无之数⑥，决安危之计，定亲疏之事⑦。然后乃权量⑧之，其有隐括⑨，乃可征，乃可求，乃可用。引钩箝之辞⑩，飞而箝之。钩箝之语，其说辞也，乍同乍异⑪。其不可善者⑫，或先征之而后重累⑬，或先重以累而后毁之。或以重累为毁，或以毁为重累⑭。其用或称财货、琦玮⑮、珠玉、璧帛、采色⑯以事之⑰，或量能立势⑱以钩之⑲，或伺候见涧而箝之，其事用抵巇。

将欲用之于天下㉠，必度权量能，见天时之盛衰，制㉑地形之广狭，岨嶮之难易，人民货财之多少，诸侯之交孰亲孰疏、孰爱孰憎，心意之虑怀。审其意㉒，知其所好恶，乃就说其所重㉓，以飞箝之辞，钩其所好，以箝求之。

用之于人㉔，则量智能㉕、权材力㉖、料气势㉗，为之枢机㉘。以迎之随之，以箝和之，以意宣之，此飞箝之缀㉙也。

用之于人，则空往㉚而实来㉛，缀而不失，以究其辞。可箝而从，可箝而横；可引而东，可引而西；可引而南，可引而北；可引而反㉜，可引而覆。虽覆能复，不失其度㉝。

【注释】

① 飞箝（qián）：飞，赞赏、褒奖。《太公六韬》中言："辩言巧辞，善毁善誉者，名曰：间谍飞言之士。"箝，同"钳"，挟住、钳制。贾公彦曰："飞箝者，言察是非，语飞而箝持之。"飞箝，此处指通过赞赏对手，接近对方并赢得其信任，使其露情竭志时，因其所好钳制住对方。

② 度权量能：度量谋略，权衡能力。

③ 征远来近：征召远方和近处有才能的人。

④ 立势而制事：形成势力并成就大事。

⑤ 内外之辞：指对内对外的各种进言。

⑥ 有无之数：数，数量。指对方拥有的和没有的。

⑦ 亲疏之事：关系紧密或疏远的事情。

⑧ 权量：权衡、计量。

⑨ 隐括：原指矫正竹木弯曲的工具，此处借指对同异、是非、内外、有无加以剪裁和修改。

⑩ 引钩箝之辞：钩是弯曲金属所做的钩针，这句是比喻以言辞引诱对方说出实情加以钳制。

⑪ 其说辞也，乍同乍异：对于对方的言论，一会儿表示赞同，一会儿表示反对。

⑫ 不可善者：即使运用飞箝之法也不能改变的人或事物。

⑬ 重累：同重叠，意为反复高扬。

⑭ 或以重累为毁，或以毁为重累：反复高扬其优点之后实际等于暴露其缺点，从这个角度上说，反复高扬其实是一种诋毁。

⑮ 琦玮：指珍贵的宝玉。

⑯ 采色：美色。

⑰ 以事之：用来迎合对方。

⑱ 量能立势：指通过衡量才能来创造态势。

⑲ 以钩之：用来吸引他们。

⑳ 用之于天下：用"飞箝"之术治理天下。

㉑ 制：控制，这里指掌握、了解。

㉒ 审其意：考察其心思和想法。

㉓ 其所重：君主最重视的问题。

㉔ 用之于人：将飞箝术用于他人。

㉕ 智能：指智慧。

㉖ 材力：指才干。

㉗ 气势：气概与声势。

㉘ 枢机：枢是门轴，机是弩发射的装置，此处比喻关键和重点。

㉙ 飞箝之缀：指用飞箝术控制人。

㉚ 空往：没有实际付出。

㉛ 实来：得到丰厚的回报。

㉜ 反：指返还。

㉝ 度：指节度，控制。

【大意】

但凡揣度人的智谋、估量人的能力，都是为了征召远近的有才之士前来效力。想要建立势力，办成大事，就要首先考虑与他人的异同之处，辨别言论的是非，从内外两个方面听取意见，了解他们所拥有的和欠缺的，如此才可决定安危的大计，确定亲疏远近的关系，然后再权衡这些关系。如果其中有可以矫正时弊之人，就可以征召过来，收为己用。用言语引导，用奉承的话恭维对方，以此来控制对方。钩箝是一种游说的辞令，它的特点是可以与对方的观点忽同忽异。对于那些用钩箝之术无法掌控的对手，可以先行离开奉承的话题，不断抬高他的名誉地位，使其名不副实，为以后訾毁他做准备。一次飞扬不成，就反复使用，直到达到毁掉对方的目的。有时高扬对方优点使其缺点暴露是诋毁，有时历数其缺点使他的优点显露出来，这也是一种重累飞扬的方法，其目的还是要最终诋毁他。在迎合时具体使用对方可能喜欢的财物、美玉、珠宝、玉璧、丝帛和美色等，或者也可以正确衡其才能，酌情任用以立其势来箝持对方。或者找出对方的漏洞进而控制对方，在这个过程中还要懂得运用抵巇之术。

要将"飞箝"之术应用到诸侯国之间的斗争中去，必须考核君主的权谋和才能，观察天时的兴衰，掌握地形的宽窄、山川的险易、人民财富的多少，在与诸侯的交往上与谁亲密、与谁疏远、与谁友好、与谁交恶,国君心中在意的事。要详细考察君主的想法和愿望,了解他的好恶,然后针对他所重视的问题进行游说。用"飞箝"的言辞诱出对方的爱好所在,再用"箝"的方法控制对方。

如果将飞箝术用于他人,就要考量对方的才能和智慧,估测对方的才干,揣摩对方的气势,把这些作为充分了解对方的关键来迎合他,附和他,再用"箝"术控制他,使之与己相合,然后用我方的意图开导他,这就是"飞箝"之术的妙用。

将飞箝术用于人际关系上,我方往往没有付出却能够得到丰厚的回报,与对方保持关系而不会失去控制,反复探究对方的言辞。这样一来,就可以合纵,也可以连横;可以将对方引向东,可以引向西;可以引向南,可以引向北;可以引导对方返还为我所用,也可以引导对方主动地离开。反反复复,始终让对方在自己的掌控之中。

忤 合①

凡趋合倍反②，计有适合。化转环属，各有形势。反覆相求，因事为制③。是以圣人居天地之间，立身、御世、施教、扬声、明名也，必因事物之会，观天时之宜，因知所多所少，以此先知之，与之转化。世无常贵，事无常师。圣人无常与，无不与；无所听，无不听。成于事而合于计谋④，与之为主。合于彼而离于此，计谋不两忠，必有反忤⑤。反于此，忤于彼；忤于此，反于彼。其术也。用之于天下，必量天下而与之；用之于国，必量国而与之；用之于家，必量家而与之；用之于身，必量身材能气势而与之。大小进退，其用一也。

必先谋虑计定⑥，而后行之以飞箝之术。古之善背向者，乃协四海，包诸侯，忤合之地而化转之，然后求合。故伊尹⑦五就汤⑧，五就桀⑨，而不能有所明，然后合于汤；吕尚⑩三就文王，三入殷，而不能有所明，然后合于文王。此知天命之箝⑪，故归之不疑也。

非至圣达奥⑫，不能御世⑬；非劳心苦思，不能原事⑭；不悉心见情，不能成名；材质⑮不惠⑯，不能用兵；忠实无真，不能知人。故忤合之道，己必自度材能知睿，量长短远近孰不如。乃可以进，乃可以退，乃可以纵，乃可以横。

【注释】

① 忤合：忤，抵触、叛逆。《庄子·刻意》有："无所于忤，虚之至之。"合，符合，不违背。《荀子·性恶》："合于文理，而归于治。"忤合，此处指以反求合。

② 趋合倍反：倍，同"背"；趋合是趋向统一，相当于"合"；倍反是背逆，相当于"忤"。

③ 因事为制：因，依据、凭借；制，控制。这里是指要根据实际情况进行控制。

④ 合于计谋：符合预定的计谋。

⑤ 计谋不两忠，必有反忤：反，反合；忤，抵触，背逆。任何计谋都不可能同时忠于对立的双方，必定会有相抵触之处。

⑥ 计定：确定计策。

⑦ 伊尹：商汤时的大臣，名伊，曾辅弼商汤灭夏桀。

⑧ 汤：商朝的开国之君。

⑨ 桀：夏朝最后一位国君。

⑩ 吕尚：姜尚。

⑪ 天命之箝：天命的制约。

⑫ 奥：高深，这里指事物深层的规律。

⑬ 御世：文中指治理天下。

⑭ 原事：揭开事物的原本面目。

⑮ 材质：才能、天赋。

⑯ 惠：同"慧"，聪慧。

【大意】

凡事都有趋向一致或向相反方向发展的趋势，适应这一规律，是制订计谋的关键。且这两种趋势之间的相互转化，像铁环一样相连而无中断。所以，想要让计谋成功，就要能够随形势的变化反复调整，根据实际情况进行控制。所以圣人生活在此世间，能够立身于社会、处理世事、教化众人、宣扬名声、获得盛名，必定是依据事物之间的联系来考察天时，并抓住有利时机，明白哪些方面有余、哪些方面不足，用忤合的办法先去了解，再随着事态的变化调整策略。世上没有什么人是永远高贵的，做事情也没有固定的模式。圣人做事，没有恒定不变的赞同还是不赞同，也没有恒定不变的听从还是不听从。圣人行事都是以是否能办成事，计谋是否切合实际为根本。计谋合乎一方，就肯定背离另一方，不可能同时忠于对立的两方，必定会有相合或相抵触之处。反合于这一方的意愿，就要违背另一方的意愿；违背这一方的意愿，才可能反合于另一方的意愿。这就是忤合之术的道理。如果将忤合之术用来治理天下，必然要先把全天下都衡量清楚再实施谋划；如果将忤合之术用于某个国家，就必然要弄清这个国家的形势再实施计谋；如果将忤合之术用于某个家族，就需要衡量整个家族的情况再实施计谋；如果将忤合之术用在某一个人身上，就要先衡量这个人的才能、品行气质、地位等再实施计谋。总之，无论忤合术的运用范围是大是小，策略是进是退，其功用都是一样的。

无论何时何地都要用"忤合"之术做好周密谋划，再用"飞箝"之术实施谋划。古代那些善于运用"忤合"之术的人，常常能够协调四海之内的各种力量，掌控所有诸侯，运用忤合之术去驾驭他们，再促使其向有利于我方的趋势转化，使其与自己相合。因此伊尹五次投奔商汤，五次投奔夏桀，都无法确认自己应该归附谁,最终归附商汤。姜尚三次投靠周文王,三次投靠商纣王,依然无法确认自己应该跟随谁,最后为周文王效命。这是因为他们经过多次忤合,明白了天命所归,所以做出最终选择后,就对自己的选择深信不疑了。

对于纵横家来说,如果不能像圣人那样通达事物深层的规律,就无法治理天下;如果不用心苦苦思索,就无法揭开事物的本来面目;如果不能倾尽全力去考察事物的真实情况,就不可能成就功名;才能、天赋不足,就不能统兵作战;只忠于事实而毫无真知灼见,就做不到知人善用。所以,要想运用"忤合"之术,就要首先估量自己的才智,比较自己与他人的优势和劣势,如果对手不如自己,才能实施。如此才能随心所欲,可进可退;可合纵,可连横。

揣①

古之善用②天下者，必量天下之权而揣诸侯之情。量权③不审，不知强弱轻重之称④；揣情不审，不知隐匿变化之动静。何谓量权，曰：度于大小，谋于众寡，称货财有无之数，料人民多少，饶乏有余不足几何；辨地形之险易，孰利孰害；谋虑孰长孰短；揆君臣之亲疏，孰贤孰不肖；与宾客之知慧，孰少孰多；观天时之祸福，孰吉孰凶；诸侯之交，孰用孰不用；百姓之心，去就变化，孰安孰危，孰好孰憎。反侧孰辩，能如此者，是谓量权。

揣情者，必以其甚喜之时，往而极其欲也，其有欲也，不能隐其情；必以其甚惧之时，往而极其恶也，其有恶也，不能隐其情，情欲⑤必出其变。

感动而不知其变者，乃且错其人，勿与语而更⑥问其所亲，知其所安。夫情变于内者，形见⑦于外。故常必以见者而知其隐者，此所以谓测深揣情。

故计⑧国事者，则当审权量；说人主，则当审揣情。谋虑情欲必出于此。乃可贵，乃可贱；乃可重，乃可轻；乃可利，乃可害；乃可成，乃可败。其数⑨一也。故虽有先王之道、圣智之谋，非揣情，隐匿无可索之。此谋之大本也，而说之法也。

常有事于人，人莫能先，先事而生，此最难为。故曰揣情最难守司,言必时⑩其谋虑。

故观蜎飞蠕动⑪,无不有利害,可以生事。美生事者,几之势也。此揣情饰言成文章,而后论之也。

【注释】

① 揣:揣测,揣度。此处指揣测人情和情理。

② 善用:文中指善于运用游说之术。

③ 量权:衡量,比较。主要指对天下局势和各诸侯国综合实力的熟知比较。

④ 称:又作"秤",天平。

⑤ 情欲:真情和欲望。

⑥ 更:指改变。

⑦ 见(xiàn):同"现",指出现、显现。

⑧ 计:谋划。

⑨ 数:这里指道理。

⑩ 时:时时刻刻。

⑪ 蜎(juān)飞蠕动:蜎,蚊子的幼虫。泛指昆虫的飞动或爬动。

【大意】

古代善于游说天下的人,必然先衡量天下的权势,揣摩各个诸侯的实情。如果对天下局势和诸侯国的综合实力分析不全面,就无法了解诸侯力量的强弱虚实;如果对诸侯实情的揣测不够全面、精确,就不可能掌握事物暗中变化的动静和征兆。什么是"量权"?就是估量国家大小,权衡人口多少。衡量一个国家物产、财富的数量，计算人口数量，人民是贫是富，丰富和贫乏的物资有哪些；分辨地形的险易，知道利弊；判断各方谋略孰优孰劣；分析君臣关系谁亲谁疏，谁贤谁不贤；考核谋士的智慧，谁多谁少；观察天时祸福，何时吉，何时凶；考察诸侯间的关系，哪个可以利用，哪个不可以利用；了解百姓的心态，是归附还是背离，以及这种心态是安全的还是危险的，老百姓喜欢什么、憎恶什么。反复揣测这些，对这些情况进行辨别。能够做到这些，就可以称作"量权"了。

所谓揣情，就是要在对方最得意的时候，去刺激他们的欲望，既然有欲望，他们就无法隐藏住实情；也可以在对方最恐惧的时候，去加深他们的恐惧和憎恶，他们既然有害怕和憎恶的心理，也就很容易显露实情。人的情感和欲念最容易在情绪极端变化时不自觉地流露出来。

对待那些已经被感动了，却还是没有什么异常变化的人，就暂且把他放在一边，不要再对他讲什么道理了，而是要改变试探的对象，去试探那些平时与他亲近的人，了解他安然不为所动的原因。那些内心感情发生变化的人，必然会将变化在外观上表现出来。所以我们常常要通过显露出来的表面现象，去揣摩、分析、了解隐藏在他们内心的真实情况，这就是所谓的"测深揣情"。

所以，谋划国家大事的人，应当仔细权衡各方面的力量和形势；游说君主的人，则应当全面揣测君主的想法。所有的谋划、想法、情绪及欲望都必须以此为出发点。只有这样，才能得心应手地面对各种问题，对付各色人物，使自己得以显贵，使对手变得低贱；使自己得到重用，使对手被轻视；使自己获利，使对手遭受损害；使自己成功，使对手失败。其中的道理是一致的。所以，即使具备古代先王的德行，圣人的高超智谋，如果不使用权量和揣情之法，就无法得知隐匿的实情。这些是实施谋略的根本，游说的法则。

对人实施"揣情"和"量权"之术，没有人能够与之争先。揣术能在事情发生之前就预先设计好，这是最难做到的。因此说，揣测实情，最难把握。游说进言必须时时谋虑，小心应对。即便是昆虫飞行或蠕动这样的小事，都有可能藏有利害，并最终导致事情发生变化。要生出大的事端之时，往往会有极其微小的征兆出现。这就需要在实施揣情之法时善于修饰言辞，而后才能进行游说。

摩①

摩者，揣之术也。内符②者，揣之主③也。用之有道，其道必隐④。微摩之，以其所欲，测而探之⑤，内符必应。其所应也，必有为之⑥。故微而去之，是谓塞窌⑦、匿端、隐貌、逃情，而人不知，故能成其事而无患。摩之在此，符应在彼，从而用之，事无不可。

古之善摩者，如操钩而临深渊，饵而投之，必得鱼焉。故曰主事⑧日成而人不知，主兵⑨日胜而人不畏也。圣人谋之于阴⑩，故曰神；成之于阳⑪，故曰明。所谓主事日成者，积德也，而民安之不知其所以利⑫；积善也，民道⑬之不知其所以然，而天下比之神明也。主兵日胜者，常战于不争不费⑭，而民不知所以服，不知所以畏，而天下比之神明。

其摩者，有以平，有以正，有以喜，有以怒，有以名，有以行，有以廉，有以信，有以利，有以卑。平者，静也；正者，宜也；喜者，悦也；怒者，动也；名者，发⑮也；行者，成⑯也；廉者，洁也；信者，期也；利者，求也；卑者，谄也⑰。故圣人所以独用者，众人皆有之，然无成功者，其用之非也。

故谋莫难于周密，说莫难于悉听，事莫难于必成。此三者，唯圣人然后能任之。故谋必欲周密，必择其所与通者说也，故曰或结而无隙⑱也。夫事成必合于数，故曰道数与时相偶者⑲也。

说者听必合于情，故曰情合者听。故物归类⑳，抱薪趋火㉑，燥者先燃；平地注水，湿者先濡。此物类相应㉒，于势譬犹是也。此言内符之应外摩也如是。故曰摩之以其类焉，有不相应者，乃摩之以其欲，焉有不听者？故曰独行㉓之道。夫几者㉔不晚㉕，成而不拘㉖，久而化成㉗。

【注释】

① 摩：原意为切磋、研究。《周易·系辞》："是故刚柔相摩。"此处意为反复观察对方，通过刺激、试探，以引起对方的反应，从而了解对方实情。

② 内符：情感活动在内，符验就表现在外。指内心情感活动的外在表现。

③ 揣之主：揣测的主要对象。

④ 隐：隐秘。

⑤ 测而探之：推测、试探，以探求其真实的欲求。

⑥ 有为之：有作用。

⑦ 窌（jiào）：地窖。这里引申为漏洞。

⑧ 主事：指主持掌管国家政治经济外交等大事。

⑨ 主兵：指挥军队。

⑩ 谋之于阴：悄悄地谋划。

⑪ 成之于阳：公开实现目的。

⑫ 其所以利：民众得到利益的原因。

⑬ 道：同"导"，此处指接受引导。

⑭ 不争不费：不使用武力，不消耗人力物力。

⑮ 发：兴起，获得声誉。

⑯ 成：成功，成就事业。

⑰ 卑者，诌（tāo）也：所谓谦卑，是以韬光养晦的方式自保。

⑱ 无隙：指非常紧密。

⑲ 道数与时相偶：规律和方法与天时三者相结合。

⑳ 物归类：事物是有类别的，各归各类。

㉑ 抱薪趋火：抱着柴薪，走近火堆。

㉒ 物类相应：各类事物间有原理相通。

㉓ 独行之道：独立而行的方法，也指圣人所用之法。

㉔ 几者：通晓机微的人。

㉕ 不晚：没有错失时机。

㉖ 成而不拘：事情成功了却不居功自傲。

㉗ 久而化成：时间久了就能取得最后的胜利。

【大意】

所谓"摩"，是一种通过外在表现来揣测人心的方法，而搞清楚内在情感的外在表现则是揣的主要目的。运用摩术是要遵循其规律的，关键在于要做到隐蔽。根据对方的需要，投其所好，进行试探，对方内心的真实想法就必然通过外在的反应表现出来。一旦对方有所反应，我方便能有所作为。在达到揣摩的目的之后，要悄悄地离开，这就叫作堵塞漏洞，将动机隐藏起来，消去痕迹，伪装外表，回避实情，让对方不知道我方的心理和行为，这样就能办成事情而无祸患。我方以摩术引诱对方，对方的内心变化一定会通过行为反映出来。我方再根据其行为采取行动，就没有什么事情是办不成的。

　　古代善用摩术的人，就像拿着钓钩到深潭边钓鱼，只要把带着饵食的钩投入水中，必定能够钓到鱼。所以说，这种人掌管政事每天都能成功却没有人察觉；指挥的军队每战士兵都相信统帅的谋略而不害怕敌人。圣人总是在暗中谋划行动，所以被称为"神"，而当这些行动获得成功并昭告天下时，则被称为"明"。所谓"主事日成"的人，是暗中积累德行，使老百姓安居乐业，却无从知晓利益来自何处；在暗中积累善行，使老百姓接受引导和教化，却不知道为何这样去做。因而人们把做到这种事情的人比作"神明"。而"主兵日胜"的统帅，总是能在不参与战争，不耗费人力物力的情况下获得胜利，因此老百姓不知道他是如何使敌人顺服，也不知道他是怎样使敌人害怕的。为此，人们都将其比作"神明"。

　　摩术的方式有很多种，有的用"平"，有的用"正"，有的用"喜"，有的用"怒"，有的用"名"，有的用"行"，有的用"廉"，有的用"信"，有的用"利"，有的用"卑"。"平"能使对方以平静的心态处理事务，"正"能使对方觉得做法恰到好处，"喜"就是使对方喜悦，"怒"就是使对方激动，"名"就是使对方获得声誉，"行"就是使对方成就事业，"廉"就是使对方洁身自好，"信"就是使对方因讲信用而受人期待，"利"就是使对方得到自己所求之事物，"卑"就是使对方隐藏起来、韬光养晦。所以圣人所用的这些摩术，平常人也都可以使用，之所以没有运用成功，是因为他们没有掌握好规律。

　　因此，谋划策略，最困难的就是周到详细；进行游说，最困难的就是让对方完全听从；做事情，最难做到的就是万无一失。这三点只有圣人才能做到。所以谋划必须周到详细；一定要选择与自己心意相通的人一起谋划。这就像给绳子打结一样紧密而没有缝隙。要想使所办之事取得成功，必须要有适当的策略。所以说客观规律、行动方法以及天时要互相配合。

　　要让对方对你言听计从，必须使自己的说辞符合对方所想，因为只有符合内心情感的才会被听从。世上万事万物都有各自的属性。就好像抱着柴薪向烈火走去，干燥的会首先被点燃；往平地上倒水，湿润的地方就会先积水。这些现象都是与各类事物的性质相对应的。以此类推，其他事物也无不如此。"内符"与"外摩"之间也是这个道理。如果依据事物不同的特性来实施摩术，怎么会得不到回应呢？依据被游说者的喜好而施行摩术，怎么会不被听从呢？"摩"是圣人才能使用的办法。那些注意到事物发生微弱的变化就立即行动的人，才能把握住时机，即使有了成就也不居功自傲，天长日久，他就可以取得最后的胜利。

权①

说者②，说之也；说之者，资③之也。饰言④者，假⑤之也。假之者，益损⑥也，应对⑦者，利辞⑧也，利辞者，轻论⑨也；成义者⑩，明之也，明之者，符验也。言或反覆，欲相却也。难言⑪者，却论⑫也，却论者，钓几⑬也。

佞言者，谄⑭而干忠；谀言⑮者，博而干智；平言⑯者，决而干勇；戚言⑰者，权而干信；静言⑱者，反而干胜。先意承欲者，谄也；繁称文辞者，博也；纵舍不疑者，决也；策选进谋者，权也；先分不足⑲以窒非⑳者，反也。

故口者，机关也㉑，所以关闭情意也；耳目者，心之佐助㉒也，所以窥瞷奸邪㉓。故曰参㉔调而应，利道㉕而动。故繁言而不乱，翱翔而不迷，变易而不危㉖者，睹要得理。故无目者不可示以五色，无耳者不可告以五音㉗。故不可以往者，无所开之也，不可以来者，无所受之也。物有不通者，圣人故不事㉘也。古人有言曰："口可以食，不可以言。"言者，有讳忌也。"众口铄金"，言有曲故也。

人之情，出言则欲听，举事㉙则欲成。是故智者不用其所短，而用愚人之所长，不用其所拙，而用愚人之所工，故不困也。言其有利者，从其所长也；言其有害者，避其所短也。故介虫㉚之捍也，必为坚厚；螫虫之动也，必以毒螫。故禽兽知用其长，而谈者亦知其用而用也。

故曰辞言有五：曰病、曰恐、曰忧、曰怒、曰喜。病者，感衰气而不神也；恐者，肠绝而无主也；忧者，闭塞而不泄也；怒者，妄动而不治也；喜者，宣散而无要也。此五者，精则用之，利则行之。故与智者言依于博[31]，与博者言依于辨，与辨[32]者言依于要[33]，与贵者言依于势，与富者言依于高[34]，与贫者言依于利，与贱者言依于谦，与勇者言依于敢[35]，与愚者言依于锐[36]。此其术也，而人常反之。

是故与智者言，将以此明之；与不智者言，将此以教之，而甚难为也。故言多类，事多变。故终日言，不失其类而事不乱。终日不变而不失其主。故智贵不妄。听贵聪，智贵明，辞贵奇。

【注释】

① 权：权衡，衡量。此处指度量权衡。

② 说者：指游说者。

③ 资：帮助。

④ 饰言：指修饰言辞。

⑤ 假：借，引申为凭借、借助。

⑥ 益损：指增减。

⑦ 应对：指的是应酬、答对。

⑧ 利辞：指伶俐的言辞。

⑨ 轻论：此处指浮泛的言论。

⑩ 成义者：阐释义理的言辞。

⑪ 难（nàn）言：指责难对方的言辞。

⑫ 却论：却，退，这里指让对方退却。反驳对方意见的言论。

⑬ 钓几：诱导对方吐露心中所隐藏的细微之事。

⑭ 谄：同"谄"，谄媚。

⑮ 谀言：阿谀奉承的言辞。

⑯ 平言：直截了当的言辞。

⑰ 戚言：关切的言辞。

⑱ 静言：反驳的言辞。

⑲ 先分不足：自己的观点和言辞有所不足。

⑳ 窒非：指责他人的过错。

㉑ 口者，机关也：嘴巴如同机器的开关一样。

㉒ 耳目者，心之佐助：耳目是帮助心汇集情报的助手。

㉓ 奸邪：指邪恶与不正。

㉔ 参：同"叁"，指口、耳、目三种器官。

㉕ 利道：有利的途径。

㉖ 危：同"诡"，欺诈。

㉗ 五音：古乐中宫、商、角、徵、羽五种音调。此处泛指各种声音。

㉘ 不事：不乱做事。

㉙ 举事：做事情。

㉚ 介虫：指带有甲壳的昆虫。

㉛ 博：博学多闻。

㉜ 辨：善辩，雄辩。

㉝ 要：扼要。

㉞ 高：尊重。

㉟ 敢：勇猛的气概。

㊱ 锐：细小、细微。

【大意】

游说的目的是说服人,要想说服人,所说言辞就要对其有帮助。修饰言辞,是为了借助言辞的力量去说服人;而要借助言辞,就须对言辞加以增减修饰。回应和答对,必须言辞敏捷,言辞敏捷就是不作深论。阐释义理的言辞,就是要将问题向对方阐述得清楚明白;而要阐述清楚,则须通过事实来验证。言谈时,双方可能意见不一,这时就要反复辩难,从而让对方让步。双方互相论难时,我方不接受对方的观点,是为了引诱对方说出隐藏的实情。

佞言,是为了谄媚故意说出的言辞,能够隐藏自己的真实意图而显得忠诚;谀言,则是为了用繁复华丽的言辞来博得智者的名声;平言,是用直来直去的言辞来求得勇敢的名声;戚言,使用权谋,用关切的话来赢得对方的信任;静言,则是自知不足反而责备他人的不足,以求得辩驳的胜利。为实现自己的意图而迎合他人的欲望去说,就是"谄";广泛征引华丽的言辞,就是"博";敢于抛去疑虑直言,就是"决";根据形势变化选择进献的计谋,就是"权";自己的观点存在不足却反攻他人之过,就是"反"。

所以说,人的口是发出言辞的机关,是用来控制内心情意的。耳朵和眼睛则是内心的辅助,是用来窥探奸邪的。口、耳、目三者相互协调,相互呼应,引导辩论朝着有利于自己的方向发展。这样,虽然言论烦琐但不混乱;行动自由但不迷失方向;情况变化而不被欺骗,这是因为看清了事物的要领,把握了事物的规律。所以没有办法向眼瞎的人展示各种颜色,也没有办法让耳聋的人听到各种音律。所以若是无法游说对方,便打探不出对方的实情；若不让对方前来游说，也无法让对方接受自己的说法。如果与对方沟通不畅，就不必理会他。古人说："口可以用来吃饭，但不可以随便讲话。"意思是说话是有禁忌的。谚语说"众口铄金"，说的是人会因为私心导致言辞扭曲事实。

　　人之常情是说出的话总希望别人听从，做的事情总希望能够成功。所以聪明的人不用自己的短处，而宁可用愚人擅长的；不用自己的笨拙之处，而宁可用愚人的擅长之处，因此才不至于陷入困境。说到对别人有利的地方，就要顺其所长；说到别人的短处，就要避其所短。所以甲虫自卫的时候，依靠的必定是坚硬厚实的甲壳；而螫虫攻击的时候，一定会用它的毒针去刺对手。所以说，连禽兽都知道用其所长，游说者也应该知道运用其所该运用的一切手段。

　　所以说，游说应摒弃的辞令有五种，即病言、恐言、忧言、怒言、喜言。病言，是指让人气馁且没有精神的言辞；恐言，是指让人听了惊恐且没有主见的言辞；忧言，是指让人听了忧愁，无法与人交谈的言辞；怒言，是指让人听了愤怒冲动，不能自制的言辞；喜言，是指让人听了心意散乱，抓不住重点的言辞。以上五种游说辞令，只有人精通之后才能灵活运用，只在对自己有利时才可以实行。因此与聪明人谈话，就要依靠广博的知识；与知识广博的人谈话要善于辨析事理；与善辩的人谈话要简明扼要；与地位显赫的人谈话，就要围绕权势展开；与富有的人谈话，就要拿出尊重的态度；与贫穷的人谈话，就要以利益相诱；与地位低的人谈话，要谦虚和善；与勇敢的人谈话，要依靠果敢；与愚笨的人谈话，要从细微之处着眼。所有这些都是游说的方法，而人们的做法却经常与此相违背。

所以，在与聪明的人谈话中用这些方法，他们很容易明白；与愚笨的人交谈，用这些方法引导他们，是很困难的。游说辞令有许多种类，事情又会有多种变化。即使终日都在说，只要根据实际情况选择不同种类的言辞，事情就不会出乱子。虽然每日所谈的内容都没有变化，但始终不会迷失主题。所以智慧的可贵之处就在于不任意妄言，使情况混乱。听人说话，贵在清楚明白，智慧贵在能明辨事理，言辞贵在出奇制胜。

谋①

凡谋有道，必得其所因，以求其情②。审得其情，乃立三仪③。三仪者：曰上，曰中，曰下，参以立④焉，以生奇。奇不知其所雍⑤，始于古之所从⑥。故郑人之取玉也，载司南之车⑦，为其不惑也。夫度材量能揣情者，亦事之司南也。

故同情而相亲者，其俱成者也；同欲而相疏者，其偏害者也。同恶而相亲者，其俱害者也；同恶而相疏者，偏害者也⑧。故相益则亲，相损则疏。其数行也⑨，此所以察异同之分也⑩。故墙坏于其隙，木毁于其节，斯盖其分也。故变生事，事生谋，谋生计，计生议，议生说，说生进，进生退，退生制。因以制于事，故百事一道而百度一数⑪也。

夫仁人轻货⑫，不可诱以利，可使出费；勇士轻难，不可惧以患，可使据危；智者达于数，明于理，不可欺以不诚，可示以道理，可使立功，是三才⑬也。故愚者易蔽也，不肖者易惧也，贪者易诱也，是因事而裁之⑭。故为强者，积于弱也；为直者，积于曲也；有余者，积于不足也。此其道术行也。

故外亲而内疏者，说内；内亲而外疏者，说外。故因其疑以变之⑮，因其见以然之⑯，因其说以要之⑰，因其势以成之，因其恶以权之，因其患以斥之。摩而恐⑱之，高而动之，微⑲而正之，符⑳而应之，拥㉑而塞之，乱而惑之，是谓计谋。

计谋之用，公不如私[22]，私不如结[23]，结而无隙者也。正不如奇[24]，奇流而不止者也。故说人主[25]者，必与之言奇；说人臣[26]者，必与之言私。其身内其言外者疏，其身外其言深者危[27]。无以人之所不欲而强之于人，无以人之所不知而教之于人。人之有好也，学而顺之；人之有恶也，避而讳之。故阴道而阳取之[28]也。

故去之者纵之，纵之者乘之。[29]貌者，不美又不恶，故至情托焉。[30]可知者[31]，可用也；不可知者，谋者所不用也。故曰事贵制人，而不贵见制于人。制人者，握权也；见制于人者，制命也。故圣人之道阴，愚人之道阳[32]。智者事易，而不智者事难。以此观之，亡不可以为存，而危不可以为安[33]，然而无为而贵智矣。

智用于众人之所不能知，而能用于众人之所不能见。既用，见可，否择事而为之，所以自为也。见不可，择事而为之，所以为人也。故先王之道阴。言有之[34]曰："天地之化，在高与深，圣人之制道，在隐与匿。"非独忠信仁义也，中正而已矣。道理达于此[35]之义，则可与语。由能得此，则可与谷远近之诱[36]。

【注释】

① 谋：谋划，策划。此处指谋划说服他人的策略。

② 得其所因，以求其情：由原因探寻结果，由结果追索原因，在因果关系中求得实情。

③ 三仪：仪，法度，准则。三仪，通常指天、地、人，文

中特指上、中、下三种策略准则。

④ 参（cān）以立：上中下三种策略相互参验。参，比照、参验。

⑤ 雍：同"壅"，堵塞。

⑥ 始于古之所从：开始于古人的实践。从，从事、实践。

⑦ 司南之车：中国古代发明的一种装有磁石的车。磁石上有小人，手指南方，多用作行军时的向导。

⑧ 同恶而相疏者，偏害者也：假如二人有共同的憎恶对象，而关系疏远，则对其中一方有伤害。

⑨ 其数行也：数，术。行，实施。实施谋略。

⑩ 以察异同之分也：需考察双方的异同。

⑪ 百事一道而百度一数：百事，各种事物。百度，各种法度。数，规律。各种事情，各种制度，其根本道理都是相同的。

⑫ 夫仁人轻货：有德行的人轻视财货。

⑬ 三才：指仁人、勇士、智者三种人才。

⑭ 因事而裁之：根据具体情况做出判断。

⑮ 因其疑以变之：根据对方的疑问来改变自己的游说策略。

⑯ 因其见以然之：然，同意。根据对方了解到的来肯定他。

⑰ 因其说以要之：根据对方的言辞中的观点来应和他。

⑱ 恐：使对方恐惧。

⑲ 微：衰败。

⑳ 符：征兆。

㉑ 拥：堵塞，阻塞。

㉒ 公不如私：公开运用计谋，不如在暗地里运用。

㉓ 私不如结：暗地里谋划不如与人一起谋划。

㉔ 正不如奇：常道不如奇谋。

㉕ 人主：人君。

㉖ 人臣：大臣。

㉗ 危：此处指危险。

㉘ 阴道而阳取之：私下进行谋划，公开获取利益。

㉙ 去之者纵之，纵之者乘之：纵，放纵；乘，利用，趁机。这句话的意思是说，若要除掉一个人，就放纵他，任他去胡作非为，等到他留下把柄的时候就趁机一举将他去除。

㉚ 貌者，不美又不恶，故至情托焉：对任何事物都不喜形于色也不表现出愤怒的人，这种人可以将实情相托。

㉛ 可知者：可以彻底了解的人。

㉜ 圣人之道阴，愚人之道阳：圣人谋划的事情，从不外传；愚人谋划的事情，总是大肆张扬。

㉝ 亡不可以为存，而危不可以为安：消失的事物不会再出现，动乱也很难转危为安。

㉞ 言有之：历来就有这种说法。

㉟ 道理达于此：能认清此种道理。

㊱ 谷远近之诱：悦近来远，让天下归服。

【大意】

凡是为他人出谋划策的，都要遵循一定的规律法则，即要先探求对方的真实情况与真实思想；求得实情后，就要确定"三仪"的标准。"三仪"就是上、中、下三种策略。三者互相参验运用，就可以谋划出奇谋。奇谋产生后便可无往而不胜。它始于古人的实践。所以郑国人入山采玉时，都要带上司南之车，为的是不迷失方向。忖度对方的才干、估量对方的能力，揣度情理，也就好像行动所带的司南之车一样。

　　凡是志趣相投且事后能关系亲近的，是因为大家有共同利益；志趣相投事后却关系疏远的，是因为有一方的利益受到损害；有共同憎恶对象的，双方若关系密切，是因为大家一同受到了伤害；凡是有共同憎恶对象的，事后若双方关系疏远，则是因为一方受到伤害。如果双方都能获利就会互相亲近，如果利益遭受损失就会疏远。计谋是否可以实施，必须考察双方的异同。墙壁通常从有裂缝的地方坍塌，树木通常从有木节的地方折断，大概是因为缝和节是它们的分界。因此，变化导致新问题的产生，解决新问题导致谋略的产生，执行谋略需要计划，计划需要筹议，筹议时必然产生辩说，辩说就有采纳，有采纳就有摒弃，有所摒弃便形成制度，用以制约事端。所以，任何事情的处理方式都是这样的，任何法度的产生原则也皆是如此。

　　仁人志士轻视财物，所以不能用金钱诱惑他们，反而可以让他们献出财物；勇士轻视危难，所以不能用祸患威吓他们，但可以让他们解除危难；有智慧的人通达道理，明于事理，所以不能用诡诈去欺骗他们，但可以给他们讲明道理，让他们建功立业。这就是"三才"。所以，愚蠢的人容易被蒙蔽，不肖的人容易被吓住，贪婪的人容易被引诱，要根据具体的情况来做出判断。所以，强大是从微弱不断积累起来的，平直是削去弯曲积累而成的，有余是从不足不断积累起来的。懂得这个道理，道术就可以实行了。

　　所以，对于那些外表亲善而内心疏远的人，要从内心入手去游说；对那些内心亲善而外表疏远的人，则要从表面入手去游说。因此，要根据对方的疑惑来改变游说的策略；要根据对方了解到的来顺应附和他；要根据对方的言辞来归纳游说的重点；要根据情势的变化来促成游说的效果；要根据对方憎恶的东西来权衡变通；要根据对方的担忧之处设法排除。琢磨透他的心意使之产生恐惧，抬高他的地位使他根基不稳，削弱他的实力再加以扶正，符验之后加以响应，隔绝他的视听以闭塞其耳目，扰乱他的思维以使之迷惑，这些就叫作计谋。

至于计谋的运用，公开谋划不如暗地里谋划，暗地里独自谋划不如与人一同密谋，与人一同密谋就可以做到滴水不漏。常道不如奇谋，奇谋实行起来可以无往不胜。所以游说君王，必定要与他谈论奇谋；游说大臣，则必须说与其私人利害有关的话。身在决策圈内，却将圈内的言论泄露出去，必定会被这个圈子疏远。身在决策圈外，却总是谈论决策圈内的事，必定会招致危险。不要拿别人不愿意做的事情，去强迫别人做；不要拿别人不了解的事情去对别人说教。如果对方有某种爱好，就要仿效并迎合他；如果对方有厌恶的东西，就要尽量避免并加以避讳。所以要暗地里使用手段而公开获取利益。

所以，想要除掉的人，就要先放纵他，任他胡作非为，这样做是为了等他留下把柄时趁机除掉他。无论遇到什么情况都不喜形于色也不恼怒的人，可以以实情托之。对于能够彻底了解的人，才可以对其用计谋；对那些还没了解透的人，就不要对其用计谋。办事最重要的是制约他人，而不是被他人制约。控制人的人才能掌握主动权；被别人控制的人，只能对他人唯命是从。圣人使用计谋的原则是隐而不露，而愚人用计谋则是大肆张扬。有智慧的人成事容易，没有智慧的人成事很难。由此看来，虽然消失的东西不会再出现，已有的危险不能转为安全，但做事时顺应规律、重视智慧还是非常重要的。

　　智慧是要用在众人所不知晓的地方，用在众人所看不见的地方。智慧和才能的使用贵在隐秘，如果在使用过程中能够做到隐秘，那么就不要选择应该公开做的事来实施，这是为了实现自己的目的。如果在使用过程中，智慧才能不能够做到隐秘，那么索性公开自己的谋略主张，用之来做事，向对方显示自己这样做，目的是对方。所以古代先王所推行的大道是深藏不露的。古语说："天地的造化在于高与深，圣人的大道在于隐与匿。"运用智慧、才能虽然讲究隐秘，但是不能失去忠信、仁义和中正的法则。能够领悟这种道理，才可以和他谈论谋略的事。如果能够体悟这些，就可以悦近来远，让天下归服。

决①

凡②决物，必托于疑者，善其用福，恶其有患③。善至于诱也，终无惑④偏。有利焉，去其利则不受也⑤，奇⑥之所托⑦。若有利于善者，隐托于恶，则不受矣，致疏远⑧。故其有使失利者，有使离⑨害者，此事之失。

圣人所以能成其事⑩者，有五：有以阳德⑪之者，有以阴贼⑫之者，有以信诚之者，有以蔽匿之者，有以平素之者。阳励于一言，阴励于二言，平素、机枢⑬以用。四者⑭，微而施之。于是度之往事，验之来事⑮，参之平素，可则决之。王公大人之事也，危而美名者，可则决之；不用费力而易成者，可则决之；用力犯勤苦，然不得已而为之者，可则决之；去患者，可则决之；从福者，可则决之。

故夫决情定疑，万事之基⑯。以正乱治⑰，决成败，难为者。故先王乃用蓍龟⑱者，以自决也。

【注释】

① 决：决策，决断。此处指决情定疑，果断决策。

② 凡：凡是，意指大概、概括。

③ 善其用福，恶其有患：善于决断就会得到福报，不善于决断就会遇到灾祸。

④ 惑：指迷惑。

⑤ 去其利则不受也：没有利益就不会接受。

⑥ 奇：指奇计。

⑦ 托：寄托。

⑧ 致疏远：即导致疏远之意。

⑨ 离：同"罹"，这里指遭受。

⑩ 圣人所以能成其事：圣人之所以能做出成功的决断。

⑪ 阳德：有意公开施加恩德，让对方感激。

⑫ 阴贼：暗中计谋，伤害对方。

⑬ 机枢：关键。

⑭ 四者：指一言、二言、平素、机枢。

⑮ 验之来事：对将来的事情进行验证。

⑯ 万事之基：指万事的关键所在。

⑰ 乱治：国家的治乱。

⑱ 蓍（shì）龟：指占卜工具。

【大意】

凡需做决断，必定是因为存在犹疑。善于决断就会得到福报，不善于决断就会碰上祸患。善于决断，一定先诱得实情，然后再做决断就不会出现迷惑和偏颇。决断需要带来利益，如果没有利益，那对方就不会接受，这就是使用奇谋所依托的基础。如果任何决断都是有利于决断者的，但是其中隐含不利的因素，那么对方就不会接受，彼此之间的关系也会因此疏远。如果决断导致对方利益受损，或者使对方遭受灾难，这是决断的失误。

圣人之所以能做出成功的决断，主要有五种方法：一是

"阳德"，二是"阴贼"，三是"信诚"，四是"蔽匿"，五是"平素"。以上五种分为"阴"和"阳"两类：使用"阳"一类的方法时，要讲究言辞如一，前后一致；使用"阴"一类的方法时，要说真假难辨的话。加上平时和关键时刻使用的方法。这四种手段要在不知不觉中施行。如此考察以往，验证未来，再参考常规之事，如果认为可行，就做出决断；王公大人的事，虽然危险但如果可以享有美名，可以为他决断；不用费大力气便可轻易成功的事，可以为他决断；虽然费力气又辛苦，但不得不做的，可以为他决断；能为对方消除忧患的，可以为他决断；能给对方带来福佑的，可以为他决断。

因此说，决断情势、消除疑虑使人安定，是处理一切事务的关键。当事关国家的治乱成败，决断是很难做的。所以古代先王都会通过占卜，由上天做出决断。

符 言①

安徐②正静,其被节③无不肉④。善与而不静,虚心平意⑤以待倾⑥损。右主位⑦。

目贵明⑧,耳贵聪⑨,心贵智⑩。以天下之目视者,则无不见;以天下之耳听者,则无不闻;以天下之心思虑者,则无不知。辐凑⑪并进,则明不可塞。右主明⑫。

德之术曰:勿坚而拒之⑬。许之则防守⑭,拒之则闭塞⑮。高山仰之可极,深渊度之可测,神明之德术正静,其莫之极。右主德⑯。

用赏贵信,用刑贵正。赏赐贵信,必验耳目之所闻见,其所不闻见者,莫不暗化⑰矣。诚畅于天下、神明,而况奸者干君。右主赏⑱。

一曰天之,二曰地之,三曰人之。四方、上下、左右、前后,荧惑⑲之处安在。右主问⑳。

心为九窍㉑之治,君为五官㉒之长。为善者,君与之赏;为非者,君与之罚。君因其所以求㉓,因与之,则不劳。圣人用之,故能赏㉔之,因之循理,固能久长。右主因㉕。

人主不可不周㉖。人主不周,则群臣生乱。家㉗于其无常也,内外不通,安知所开。开闭㉘不善,不见原㉙也。右主周。

一曰长目㉚,二曰飞耳㉛,三曰树明㉜。明知千里之外,隐微之中,是谓洞天下奸,莫不暗变。右主恭㉝。

循名而为㉞，实安而完，名实相生，反相为情㉟。故曰：名当则生于实，实生于理㊱，理生于名实之德㊲，德生于和，和生于当。右主名㊳。

【注释】

① 符言：符，指符契、符节。中国古代把竹片分成两半，两人各持一片，日后对在一起，以验明身份。后也有金属制成的，或加盖符印，亦用于军事。此处指言词与事实相符，如同符契吻合一样。

② 徐：缓慢，此处指从容。

③ 被节：被，施及，加于……之上；节，节度、法度。被节即合于法度。

④ 肉：优裕，多余。

⑤ 虚心平意：使内心非常谦虚，意念很开朗。

⑥ 以待倾：以等待对方倾覆。

⑦ 右主位：右，此处为"以上"的意思。意为以上是在位者即君主应做的事。

⑧ 明：指明亮。

⑨ 聪：指灵敏。

⑩ 智：指聪慧、有智慧。

⑪ 辐凑：凑，同"辏（còu）"，指的是车轮之辐集中于轴心上。

⑫ 主明：主要讲的君主如何拥有察人之明。

⑬ 勿坚而拒之：不要固执己见拒绝他人。

⑭ 许之则防守：接纳一个人，就使他成为我方阵营的一分

子,能够壮大我方的力量,增强抵御外敌的力量,也就是防守的力量。

⑮ 拒之则闭塞:拒绝愿意归附我们的人,那么就像灰尘不落山顶,水滴不落深渊一样,阻断了我方的一支力量。

⑯ 主德:主要讲君主应该具有的德行风范。

⑰ 暗化:暗自转化。

⑱ 主赏:主要讲如何行赏。

⑲ 荧惑:被蒙蔽、迷惑。

⑳ 主问:主要讲善问。

㉑ 九窍:指口、两耳、两眼、两鼻孔及大小便排泄口。

㉒ 五官:指司徒、司马、司空、司士、司寇五种官职,这里泛指百官。

㉓ 求:欲求。

㉔ 赏:赏罚分明。

㉕ 因:顺势而为。

㉖ 周:周到,周全。

㉗ 家:大夫统治的政治区域,即卿大夫的采地或食邑。这里特指朝廷里的高官。

㉘ 开闭:捭阖之法。

㉙ 原:本原。

㉚ 长目:用天下之眼来看。

㉛ 飞耳:用天下之耳来听。

㉜ 树明:用天下之心来想。

㉝ 主恭:使天下人恭敬。

㉞ 循名而为:依照名了解实情。

㉟ 情：本质、本性。

㊱ 理：道理。这里指对事物实际的客观认识。

㊲ 德：指事物的本质属性。

㊳ 主名：指名实相副。

【大意】

如果君王能够做到安详、从容、正派、平和，便如关节上有肉附着一般合乎了宽容的节度。要善于给予，使对方内心不安静，自己则平心静气，坐等他人倾覆。以上是君主在其位应该做的事。

眼睛最重要的就是要明亮，耳朵最重要的就是要灵敏，心灵最重要的就是要有智慧。人君如果能用全天下的眼睛去观看，就会把所有事物都看得明明白白；如果用全天下的耳朵去听，就什么声音都可以听得清清楚楚；如果用全天下的心去思考，就没有什么是不知道的。如果君主做到了遍视、广闻、全虑，就会像车辐条集中于车轴一样明察一切，不可阻挡。以上讲的是君主如何拥有察人之明。

有德行的君主应该是这样的：不要拒绝愿意归附我们的任何人。当诚信接纳他人的时候，自己的团体就会多一个成员，这样就巩固了自己的防守阵营；如果拒绝接受他人，既减弱了自己的实力，同时也阻绝了其他人继续加入我们的路径。山再高，仰望还是可以看到山顶；深渊再深，通过测量还是可探测到底。德的地位像神明一样神圣，实施崇德之术，需要心态平正、沉静，这一点没有能与之相比的。以上讲的主要是君主应该具有的德行风范。

进行奖赏，贵在守信；使用刑罚，贵在公正。赏赐贵在守信，一定要对所见所闻加以验证。这样，那些功绩无法被看到或听到，人就会被暗自感化而不敢邀功。如果人主的诚信能够畅达天下以及神明，就不用惧怕奸邪之徒的冒犯了。以上讲的主要是如何进行赏罚。

君主要通晓以下三点：一是天时，二是地利，三是人和。对四方、上下、左右、前后的情况都了解得明明白白，就不会被人蒙蔽、迷惑了。以上讲的是要善问。

心是九窍的主宰，君主是百官的主宰。对于那些做了好事的官员，君主应该给予赏赐；对于那些做了坏事的官员，君主也应该对他们处以相应的惩罚。君主应该顺应大臣的欲求，再根据他们的功过给予赏罚，自己就不会辛劳了。圣人运用这一权术，故能赏罚分明，各得其所。如果君主能遵循这个道理来治国，国家肯定能够长治久安。以上讲的是顺势而行的重要性。

君主考虑问题不可不周到。一旦君主考虑不周到，大臣们就会因利益纷争产生祸乱。一旦群臣处于无序状态，内外交流就会阻塞不通，君主哪里还能知道问题出在哪里呢？如果君主无法用捭阖之法捋清大臣之间的关系，就无法找到问题的本源。这里讲的是周到的重要性。

一是借用天下人的眼睛看得远，二是借用天下人的耳朵听得远，三是用天下人的头脑洞察一切，内心明了。既能明了千里之外的事情，也能洞察隐蔽细微的事情，这就叫作洞察天下之奸邪，这样奸邪小人就不得不暗地里打消坏念头。以上主要讲的是如何使天下人恭敬。

依照事物的名去认识事物实际,使名与实相副。名与实相互依存,互为表里。所以说,事物的名来源于实际,实际来自对事物的客观认识,对客观事物的认识,来自名与实的本质属性。二者相吻合,那么取名就得当。以上主要讲名实相副的重要性。

下卷

本经^①阴符^②七术^③

  盛神④法五龙⑤。盛神中有五气⑥，神为之长，心为之舍⑦，德为之大⑧，养神之所归诸道⑨。道者，天地之始⑩，一其纪⑪也，物之所造，天之所生，包宏无形，化气，先天地而成，莫见其形，莫知其名，谓之神灵。故道者，神明之源，一其化端⑫。是以德养五气，心能得一⑬，乃有其术。术者，心气之道所由舍⑭者，神乃为之使⑮。九窍十二舍⑯者，气之门户，心之总摄⑰也。生受于天⑱，谓之真人。真人者与天为一。

  内修练而知之，谓之圣人，圣人者，以类⑲知之。故人与一生，出于物化㉓。知类在窍㉑，有所疑惑，通于心术，心无其术，必有不通。其通也，五气得养，务在舍神㉒，此谓之化。化有五气者，志也、思也、神也、德也，神其一长也。静和者养气，气得其和，四者不衰，四边威势，无不为存而舍之，是谓神化。归于身，谓之真人。真人者，同天而合道，执一而养产万类，怀天心，施德养，无为以包志虑思意㉓，而行威势者也。士者通达之，神盛乃能养志。

养志法灵龟㉔。养志者，心气㉕之思不达也。有所欲，志存而思㉖之。志者，欲之使也。欲多则心散，心散则志衰，志衰则思不达。故心气一，则欲不徨㉗；欲不徨，则志意不衰；志意不衰，则思理达矣。理达则和通，和通则乱气不烦于胸中。故内以养志，外以知人。养志则心通矣，知人则职分明矣。

将欲用之于人，必先知其养气志，知人气盛衰，而养其志气，察其所安，以知其所能。志不养，则心气不固；心气不固，则思虑不达；思虑不达，则志意不实；志意不实，则应对不猛；应对不猛，则志失而心气虚；志失而心气虚，则丧其神矣。神丧则仿佛㉘，仿佛则参会不一㉙。养志之始，务在安己。己安则志意实坚，志意实坚则威势不分，神明常固守，乃能分之。

实意法螣蛇。实意㉚者，气之虑㉛也。心欲安静，虑欲深远。心安静则神策生，虑深远则计谋成。神策生则志不可乱，计谋成则功不可间。意虑定则心遂安，心遂安则所行不错㉜，神自得矣，得则凝㉝。识气寄㉞，奸邪而倚之，诈谋而惑之，言无由心矣。故信心术[35]，守真一[36]而不化，待人意虑之交会，听之候之也。

计谋者，存亡之枢机。虑不会，则听不审[37]矣，候之不得。计谋失矣，则意无所信，虚而无实。故计谋之虑，务在实意，实意必从心术始。无为而求安静五脏，和通六腑，精神魂魄固守不动，乃能内视[38]、反听[39]、定志。虑之太虚，待神往来。以观天地开辟，知万物所造化，见阴阳之终始，原[40]人事之政理，不出户而知天下，不窥牖[41]而见天道，不见而命，不行而至。是谓道知，以通神明，应于无方[42]，而神宿[43]矣。

分威法伏熊[44]。分威者，神之覆[45]也。故静意固志，神归其舍，则威覆盛矣。威覆盛，则内实坚；内实坚，则莫当；莫当，则能以分人之威，而动其势，如其天。以实取虚，以有取无，若以镒称铢[46]。

故动者必随，唱者必和；挠其一指，观其余次；动变见[47]形，无能间[48]者。审[49]于唱和，以间见间[50]，动变明而威可分。将欲动变，必先养志伏意以视间。知其固实者，自养也；让[51]己者，养人也。故神存兵亡，乃为之形势。

散势法鸷鸟[52]。散势者，神之使[53]也。用之，必循间而动。威肃内盛，推间而行之，则势散。夫散势者，心虚志溢。意衰威失，精神不专，其言外而多变[54]。故观其志意为度数[55]，乃以揣说图事，尽圆方，齐短长[56]。

无间则不散势，散势者，待间而动，动而势分矣。故善思间者，必内精五气，外视虚实，动而不失分散之实。动则随其志意，知其计谋。势者，利害之决，权变之威；

势败者，不以神肃察也。

转圆法猛兽㊼。转圆者，无穷之计。无穷者，必有圣人之心，以原㊳不测之智而通心术。而神道㊴混沌为一，以变论万类，说义无穷。智略计谋，各有形容㊵：或圆或方，或阴或阳，或吉或凶，事类不同。故圣人怀㊶此用，转圆而求其合。故与造化者为始，动作无不包大道，以观神明之域㊷。

天地无极，人事无穷，各以成其类㊸，见其计谋，必知其吉凶成败之所终。转圆者，或转而吉，或转而凶，圣人以道先知存亡，乃知转圆而从方。圆者，所以合语㊹；方者，所以错事㊺。转化者，所以观计谋；接物者，所以观进退之意。皆见其会㊻，乃为要结㊼以接其说也。

损兑法灵蓍㊽。损兑者，机危㊾之决也。事有适然㊿，物有成败，机危之动，不可不察。故圣人以无为待有德○71，言察辞合于事。兑者知之也，损者行之也。损之说之，物有不可者，圣人不为之辞。故智者不以言失人之言，故辞不烦而心不虚，志不乱而意不邪。

当○72其难易而后为之谋，因自然之道以为实。圆者不行，方者不止，是谓大功。益之损之，皆为之辞。用分威散势之权，以见其兑威、其机危，乃为之决。故善损兑者，譬若决水于千仞之堤，转圆石于万仞之谿。而能行此者，形势不得不然也。

【注释】

① 本经：本，基本，根本；经，标准，规范，经典。

② 阴符：阴为内在的谋划，符为外在的表现。此处指内在的修养和锤炼。

③ 七术：分别指盛神、养志、实意、分威、散势、转圆、损兑等七种修炼方法。

④ 盛神：盛，旺盛，强盛；神，人的意识和精神。使精神旺盛，养神。

⑤ 五龙：指金、木、水、火、土五行。

⑥ 五气：指心、肝、脾、肺、肾五脏之气，表现为神、魂、魄、精、志。

⑦ 心为之舍：心是五气的居所。

⑧ 大：壮大。

⑨ 养神之所归诸道：养神最根本的途径归之于道。

⑩ 天地之始：天地的起始，此处指"道"。

⑪ 一其纪：纪，基础。一是道的起始。

⑫ 化端：指变化的开始。

⑬ 得一：与道合一。

⑭ 心气之道所由舍：道，同"导"，导引。舍，驻守。把心之气从其驻守的地方导引出来。

⑮ 使：支使，支配。

⑯ 十二舍：人体中气的十二处止息之所，分别为心、肝、脾、肺、肾、胃、膀胱、大肠、小肠、胆、膻中、三焦。

⑰ 总摄：总枢纽。

⑱ 生受于天：直接从上天获得本性。

⑲ 类：类推。

⑳ 物化：化于物，随着外物的变化而发生变化。

㉑ 知类在窍：通过九窍来了解各种事物。

㉒ 舍神：舍，心的居所。神归宿于心。

㉓ 志虑思意：精神意志。

㉔ 养志法灵龟：涵养意志，就是要效法乌龟那样把头、四肢和尾巴缩入龟壳。意为集中意志。养志，培养志向，涵养意志。

㉕ 心气：五气之一。

㉖ 思：思慕、想念。

㉗ 徨：心神不安。

㉘ 仿佛：精神恍惚。

㉙ 参会不一：参，同"叁"。参会，指志、心、神三者交会。参会不一指志、心、神三者不能相互协调。

㉚ 实意：实，充实，充满；意，意志。

㉛ 气之虑：心气之所虑。

㉜ 心遂安则所行不错：如果内心安定，行为上就不会犯错误。

㉝ 凝：精力集中。

㉞ 寄：客寄，游历在外。此处指不安定。

㉟ 信心术：相信静心之法。

㊱ 守真一：守住真气。

㊲ 审：审慎。

㊳ 内视：用心来体会洞察事物。

㊴ 反听：用心去听。

㊵ 原：探讨根源。

㊶ 牖（yǒu）：指窗户。

㊷ 无方：不用方法的无为境界。

㊸ 神宿：指神明留在心中。

㊹ 分威法伏熊：分威，散发威势。散发威势，要像伏在地上准备出击的熊。

㊺ 神之覆：覆，即伏。神伏于其中。

㊻ 以镒称铢：镒、铢都是古代的重量单位，一镒为二十两，一说二十四两，二十四铢为一两。以镒称铢，比喻以重取轻，容易实现。

㊼ 见：同“现”，显现。

㊽ 间：此处指逃离。

㊾ 审：知道。

㊿ 以间见间：以寻找间隙的方法去找对方的缺陷。

(51) 让：出让。

(52) 鸷鸟：凶猛而迅速出击的鸟。如鹰、隼之类。

(53) 使：驱使，主宰。

(54) 外：不中肯。

(55) 度数：程度。

(56) 短长：计谋、策略。

(57) 转圆法猛兽：转圆，转动圆形的物体。计谋就像转动中的圆一样永远运转自如，就像猛兽捕食一样容易。

(58) 原：推究根源。

(59) 神道：神妙莫测的自然之道。

(60) 形容：形态。

(61) 怀：明了，懂得。

(62) 神明之域：神明的境地。

(63) 各以成其类：各自按照自然之道分门别类。

㉔ 合语：话语相合。

㉕ 错事：错，同"措"。处理事务，解决问题。

㉖ 会：会聚。此处指问题症结所在。

㉗ 要结：关键。

㉘ 损兑法灵蓍（shī）：损，损失。兑，直。蓍，草名，古人常以其茎作占卜之用。斟酌损益要效法灵验的蓍草。

㉙ 机危：同"机微"。这里指隐微难测的征兆。

㉚ 适然：偶然

㉛ 有德：有为，德同"得"。一说"有德之人"。

㉜ 当：遇到。

【大意】

旺盛的精神包含五气（神、魂、魄、精、志），五气由神主宰，驻于心，因德壮大。养神的办法是让心与道合一。道是天地的本源，一是道的基础，万物皆由道产生，天地皆由道创造。道包容无限，无形无踪，化为气，在天地之前就形成了，可是没有人见过它的形状，也没有人知道它的名称，于是称之为"神灵"。所以说，"道"是神明的源泉，而"一"是变化的开端，因此以德来滋养五气。心与道结合，才能拥有养神的"术"。

这种方法就是把心之气从其驻守的地方导引出来，神就产生了。九窍和十二舍是气进出人体的门户，是心的总枢纽。直接从上天获得本性的人，叫作"真人"。真人是通过与上天合二为一获得道的人。

通过自我修行而体悟道的人，叫作"圣人"。圣人是通过触类旁通之法获得道的。所以人虽然与一（道）同生，但会随着外物的变化而发生变化。人通过九窍等外在感官来感知外部事物，如果感官无法感知，产生疑惑，就需要借助心来产生思维。如果还不能感知，必然是因为心与九窍之间的气不通。如果通畅，五气就能够得到滋养，这时务必让神归宿于心，这就叫作化育。五气经过化育，可生出志、思、神、德等，神居首位。

宁静平和就能养气，养气便可以使五气调和，志、思、神、德不衰败，向四方散发威势。如能将此威势存之于心，就叫作"神化"。神归之于肉体，便成真人。真人与天地合于大道，坚守道而化育万物，怀有上天的意志，施行道德，用无为之道来指导精神意志，让其威势得以散发。游说之士如果能通晓这一点，旺盛的精神便能涵养意志。

之所以要涵养意志，是因为心思不畅达。当一个人内心产生了欲望，就会存结为志，从此心心念念。心志受到欲望的驱使。欲望多了，心气就会涣散，心气涣散，意志就会衰退，意志衰退，就会导致思路不通畅。因此，心气专一，欲望就不会扰乱心神；欲望不扰乱心神，意志就不会衰退；意志不衰退，思路就会畅通。思路畅达，心气就能和顺运行；心气和顺运行，杂乱的气息就不会郁结于胸。所以说，一个人在内心养志，就可以通过外在表现了解他人。涵养心志，心气就能通畅；了解他人才可以做到知人善任。

如果想运用养志之法考察人，必须知道他养气、养志的水平，知道他的心志是盛是衰。反过来，通过养气之法培养他的心志，观察他的心志反应，从而了解他的才能。如果一个人不注重培养心志，那么他的心气就不会稳固；心气不稳固，思路就不会通畅；思路不通畅，意志就不会坚定；意志不坚定，就没有足够的能力应付外界的变化；应付外界的能力不强，在遇到挫折的时候，就非常容易丧失意志，导致心里空虚；一旦丧失意志、内心空虚，就会丧失神志；人一旦丧失了神志，他的精神就会陷入恍惚的状态；精神一旦陷入恍惚的状态，那么他的意志、心气、精神三者就不会协调。所以，培养志向的首要前提是要让自己安静下来。自己安静了，志和意才能充实坚定；志和意充实坚定，威势就会凝聚不散，才能固守自己的心气与精神，才能震慑对手，分散对手的威势。

　　充实意志，就是心气之虑所需。心需要安详平静，思虑需要周到深远。只有心安详平静，才能生出奇谋；只有思虑深远，计谋才能成功。想要想出奇谋，心志就不可紊乱；想要使计谋取得成功，思虑就不可间断。意志、思虑定了，心就能安定；心安定了，行为就不会出差错，精神就会饱满，精力就会集中。如果心气不安定，那么奸邪就有了依托的地方，欺诈阴谋就会趁机迷惑自己，讲出的话就不是用心考虑过的了。所以要使心术保持真诚，坚守本性，始终不变，待意志和思虑相融会，就可以静静地等待事物的变化了。

　　计谋是兴衰存亡的关键，如果思虑不与意志融会，听言就不会审慎，从他处了解到的情况就不真实。计谋一旦失败，就会导致意虚，意虚就没有实意。所以，思虑计谋之时要做到实意，实意必须从修炼静心之术开始。本着无为之道使五脏安静，让六腑之内的气运行通畅，使精神魂魄固守纯真，不为外界所动，这样才能用心看、用心听，做到凝神定志。思虑达到太虚之境，能使精神自由往来，从而观察天地的开辟，了解自然界万物的演变规律，发现阴阳周而复始的变化，探讨出人世间治国安邦的道理。如此一来，自己便可以不出门就知晓天下之事，不往窗外开便可以看见天道变化，不待事情发生就能准确预见并下达命令，不行动就能取得成功，这就是所谓的"道知"。达到这个境界，就可以与神明相通，用无为应对万事，并使神明长驻于心。

散发我方威势，需要积蓄威势，让神伏于其中。当平心静气、意志坚定，精神就会凝聚于心，那么威势就会强劲。威势强劲，内心就会充实坚定。内心充实坚定，就会所向披靡。所向披靡，就能分散对方的威势，进而动摇对方的势力，我方的威势就会像苍天一样令人敬畏。用我方之实取对方之虚，用我方的优势攻取对方的劣势，就像用锱来称铢一样容易。

因此，只要我方展开行动，对方也会跟随；只要我方倡导，对方就会响应。触动对方一个局部，就可以从对方的反应中知晓对方的全部情况；对方的举动统统都会显现出来，没有一个逃得掉。精通倡导与应和的道理，就可以根据蛛丝马迹发现对方的漏洞。待明了对方的动向后，就可以散发我方的威势了。我方在行动之前，必先巩固意志，并把意图隐藏起来，等待机会。凡是懂得使自己内在意志坚定的人，都是善于养精蓄锐的人。愿意将我方的利益给予他人的，可以施威于人。因此，只要神宿于内，就无须动用武力，进而根据形势用神去左右对方。

分散对方的势力，是受精神驱使的。使用该术，必须找到对方的破绽再采取行动。当我方内在威势强盛，找到对方的缺陷后对其展开攻势，对方的威势就会散失。对方气势散失，思想便会空虚，意志也会溃散。如果意志衰微，威势散失，精神不专一，言辞就会不一致且前后矛盾。所以，要考察对方的志、意处于何等程度，再使用相应的揣摩、游说之术图谋大事，游说之词或圆转灵活，或方正直白，灵活使用各种计谋。

如果没有机会可以利用，就不要发散威势。因为发散威势需要等到对方有空可钻。一旦采取行动，就要使对方的威势涣散。因此，善于思考对方漏洞的人，必定在内积蓄五脏精气，在外明察对方的虚实，一旦采取行动，必能收到破除对方威势的实效。行动会紧随对方的志意，知道对方的计谋。势是决定利害关系的决定性因素，也是灵活运用权术的威慑力量；势之所以被分散，往往是由于没有集中精神审察研究。

计谋像转动圆形物体一样，源源不断地产生。要想有无穷的计谋，必须要有圣人的胸怀，推测不可估量的智慧来自哪里，通晓凝聚心气的方法。虽然自然之道处于混沌状态，但仍然可以用变化的观点来讨论万物，其中的道理是无尽的。智慧、谋略、奇计各有各的形态：或圆或方，或阴或阳，有吉有凶，都因事物种类以及客观情况不同而不断变化。所以圣人懂得这个道理，使用转圆之法，以求计谋适用于各种情况。所以，圣人从天地万物形成之始，所作所为无不与天道相合，去洞悉神明的境地。

天地是无边无际的，人事是变化无穷的，但万事万物各有各的类别。若能洞悉其中的计谋，就可以预知事物最终的吉凶成败。使用转圆之术，要么得到吉的结果，要么得到凶的结果。圣人凭借道来预测事物的生死存亡，于是也知道如何从转圆之术中跳出，转为方术。使用转圆之术，可以使话语相合；使用方术，可以解决问题；圆能因转动而变化无穷，可以用来探查对方的计谋；方安定沉稳，可以根据处理事务的实际效果决定进退。游说时，无论是用圆或是用方，都要找到问题的症结所在，抓住关键点，以迎合对方的观念。

　　损兑之术是对隐微征兆的决断。任何事情在发展过程中都会出现偶然因素，这些偶然因素就会影响事情的成败，即使是极其微小的变化，也不可不仔细审察。所以，圣人用顺其自然的方式来对待人事，审察对方的言辞与行为是否相合。使用兑术，是为了知悉对方；使用损术，是为了采取行动。当使用损术游说对方，但还是行不通时，圣人就不会对此再加以辩说。所以，智者不会因为自己的话导致无法从他人言论中获取信息。所以言辞不繁乱，心气就不虚；意志不散乱，意念就端正。

　　判断事情的难易程度，然后谋划各种对策，并顺应自然规律来实施。对方施行圆的计谋不停止，我方施行的计谋就不能停止，直到对方不能按照常理常规的计谋行事，这样我方才能取得巨大的成就。不论是益是损，都是为了使言辞合理。运用分威散势的方法来处理事务，以发现对方损益的威势和事情隐微的征兆，从而及时做出决断。所以说，善于掌握损益变化的人，就像决开千仞大堤的洪水，又像从万丈高山上滚向深谷的圆石一样，势不可当。

持 枢①

持枢,谓春生、夏长、秋收、冬藏,天之正也。不可干而逆之②。逆之者,虽成必败。故人君亦有天枢,生、养、成、藏③,亦复不可干而逆之,逆之者,虽盛必衰。此天道,人君之大纲也。

【注释】

① 持枢:持,掌管、把握;枢,门轴。此处引申为掌握事情的关键所在。

② 干而逆之:干,触犯。逆,逆反。触犯并违反。

③ 生、养、成、藏:出生、养育、成熟、储藏。

【大意】

所谓持枢,是指万物在春季耕种,在夏季生长,在秋季收获,在冬季储藏,这些都是天时天道的正常运转规律。这些都是不应该冒犯和违背的,违反者即使一时获得了成功,最后也难免失败。所以作为君主,一定要把握统治天下的关键,对万物的出生、养育、成熟、储藏等规律,也不应该去冒犯和违逆。如果违背了这些基本规律,哪怕一时兴盛起来,最终还是会衰落。这是自然规律,也是君主治国的基本纲领。

中　经①

　　《中经》,谓振穷趋急②,施之能言厚德之人。救拘执③,穷者不忘恩也。能言者,俦善博惠④。施德者,依道⑤。而救拘执者,养使小人。盖士遭世异时危,或当因免阗坑⑥,或当伐害能言⑦,或当破德为雄,或当抑拘成罪,或当戚戚自善⑧,或当败败自立⑨。

　　故道贵制人,不贵制于人也。制人者握权,制于人者失命。是以见形为容、象体为貌,闻声知音,解仇斗郄⑩,缀去,却语,摄心,守义。《本经》纪事者,纪道数,其变要在《持枢》《中经》。

　　见形⑪为容、象⑫体为貌者,谓爻为之生⑬也。可以影响形容象貌而得之也。有守之人,目不视非,耳不听邪,言必《诗》《书》,行不淫僻⑭,以道为形,以德为容,貌庄色温,不可象貌而得之。如是,隐情塞郄而去之。

　　闻声知音者,谓声气不同,恩爱不接。故商、角不二合,徵、羽不相配⑮,能为四声主者,其唯宫⑯乎。故音不和则悲,是以声散、伤、丑、害者,言必逆于耳也。虽有美行、盛誉,不可比目⑰、合翼⑱相须也。此乃气不合、音不调者也。

　　解仇斗郄⑲,谓解羸⑳微之仇;斗郄者,斗强也。强郄既斗,称胜者高其功,盛其势也。弱者哀其负,伤其卑㉑,

污其名，耻其宗。故胜者闻其功势，苟进而不知退；弱者闻哀其负，见其伤，则强大力倍，死者是也。郄无强大，御无强大，则皆可胁而并㉒。

缀去者，谓缀己之系言㉓，使有余思㉔也。故接贞信㉕者，称其行，厉其志，言为可复，会之期喜。以他人庶引验以结往，明款款㉖而去之。

却语者，察伺短也。故言多必有数短之处，识其短，验之。动以忌讳，示以时禁㉗。其人恐畏，然后结信，以安其心，收语盖藏㉘而却之。无见己之所不能于多方之人㉙。

摄心者，谓逢好学伎术㉚者，则为之称远。方验之道，惊以奇怪，人系其心于己。效㉛之于人，验去，乱其前，吾归诚于己。遭淫酒色者，为之术；音乐动之㉜，以为必死，生日少之忧㉝。喜以自所不见之事，终可以观漫澜㉞之命，使有后会。

守义者，谓守以人义，探其在内以合也。探心，深得其主也，从外制内，事有系曲而随之。故小人比㉟人，则左道㊱而用之，至能败家夺国。非贤智，不能守家以义，不能守国以道。圣人所贵道微妙者，诚以其可以转危为安，救亡使存也。

【注释】

① 中经：中，指内心；经，经营、治理。中经，指如何用内心去经营内在。

② 振穷趋急：帮助陷于穷苦和危难之中的人。

③ 拘执：陷入困境的人。

④ 俦善博惠：多做善事，多施恩惠。

⑤ 依道：道，道德、道义。依道，遵循道义准则。

⑥ 阗坑：指将死者填埋于沟壑。此处指兵灾、战乱。

⑦ 伐害能言：依靠能言善辩迫害他人。

⑧ 戚戚自善：指对乱世虽忧心忡忡却只保全自己。

⑨ 败败自立：在危败的情形中谋得自立。

⑩ 郄（xì）：同"隙"，间隙，冲突。

⑪ 形：形状。此处指八卦中爻的形状和方位。

⑫ 象：此处指八卦中的卦象。

⑬ 爻为之生：爻，原意为组成卦的符号，此处意为爻象，意思是爻象从卦象中显现出来。

⑭ 淫僻：僻，偏离，不正。逾越礼的规范。

⑮ 商、角不二合，徵、羽不相配：商、角、徵、羽都是五音的名称，商属金，角属木，徵属火，羽属水。按照五行之说，金克木，水克火，因此商和角、徵和羽不相调和。

⑯ 宫：宫音，五音之主，被视为土，能与其他四音相和。

⑰ 比目：鲽，旧说此鱼一目，须两尾并游。

⑱ 合翼：即比翼鸟。古代传说中的鸟，只有一眼一翅，需要两只并羽方能齐飞。比目鱼和比翼鸟都可形容夫妻或朋友亲密无间、形影不离。

⑲ 解仇斗郄：仇，伙伴，同伴。团结弱者，使强者互相攻伐。

⑳ 羸：羸弱，弱小。

㉑ 卑：衰落。

㉒ 胁而并：威胁并吞并。

㉓ 缀己之系言：用言语挽留想要离开自己的人。
㉔ 余思：离去之后仍心存思念。
㉕ 贞信：忠贞诚信。
㉖ 款款：恋恋不舍。
㉗ 时禁：当时的禁令。
㉘ 盖藏：掩盖、隐藏。
㉙ 多方之人：见多识广之人。
㉚ 伎术：即技艺道术。
㉛ 效：验证。
㉜ 音乐动之：以音乐来打动对方。
㉝ 生日少之忧：产生时日无多的忧虑。
㉞ 漫澜：灿烂。
㉟ 比：为利益与人结交。
㊱ 左道：歪门邪道。

【大意】

《中经》，说的是帮助身处穷困和危难之中的人，只有能言善辩、品德淳厚之人才能做到。如果解救了深陷困境的人，那么这些走投无路的人就一定不会忘记对方的恩德。能言善辩之人，既能多做善事，又能广施恩惠。广施恩德的人，都会依道义准则行事。被解救的那些深陷困境之人，可以豢养起来加以利用。而那些士大夫常常生不逢时或身处乱世，有的侥幸免于战乱，有的依靠能言善辩迫害他人，有的被迫放弃德行成为一代枭雄，有的遭到拘捕成为囚犯，有的面对乱世虽忧心忡忡却只独善其身，有的却能在一次次失败中自立于世。

可见道贵在制服人，而不是受制于人。能制服别人便可以掌握权力，受制于人则连自己的性命都不能主宰。所以，看见对方的身形就能推断面容，估量对方的身材就能推知相貌，听到对方的声音就能随声唱和，善于化解弱小之人的仇怨，促使强大的人互相斗争，善于联络离开的故人，善于探查对方的真情，并恪守道义。《本经》只记述了道术，而变通之要点在于《持枢》和《中经》二篇之中。

所谓"见形为容，象体为貌"，就像爻辞从卦象中产生一样。可以从影子、回音、形体和容貌等方面获取信息。那些有操守的人，眼不看非礼之物，耳不听靡靡之音，言必以《诗经》《尚书》为标准，行为不逾越礼制，用道来规范行，用德来规范容，外貌庄严而神色温和。这样的人就难以从外貌上把握他们的内心。遇到这样的对手，就应隐藏实情，堵塞漏洞，然后离他而去。

所谓"闻声知音"，说的是如果声气不同，感情上就难以互相协调一致。所以在五音当中，商音与角音不协调，徵音与羽音不协调，唯有宫音能够调和四音。五音不协调，奏出的曲调就会难听。所以那些散漫、沙哑、难听、刺耳的不和之音，更加难以入耳，用这样的声音来游说必然使对方难以接受。即使有高尚的品行和美好的名声，彼此也不容易像比目鱼和比翼鸟那样亲密无间地和谐共处。这都是因为声气不和谐、音调不协调。

所谓"解仇斗郄"，说的是如何调解两个弱者之间的仇怨。"斗郄"，是指让两个强者相互争斗。两个强者一旦斗起来，胜利的一方便容易夸耀自己的战功，耀武扬威；失败的一方，则会哀叹失败，自怨自艾，觉得玷污了自己的名声，有辱先祖。所以获胜的一方若是只知道夸耀自己的成功和威势，便会一味前进而不知退却；失利的一方则哀叹自己的失败，看到自己所受到的创伤，就会努力使自己更加强大，斗志倍增，拼命抵抗。无论敌方的威势多么强大，防御多么稳固，都有可能威胁到对方，甚至将其吞并。

所谓"缀去"，就是自己主动用言语联络即将离去的人，让对方在离开之后仍心存念想。所以对待忠贞诚信的人，要称赞他的品行，鼓励他的志气，说他离开后可大有一番作为，也欢迎他随时回来，如果回来的话，自己一定会满心欢喜。再引用别人的成功事例来验证自己的话，并在表明自己的恋恋不舍之情后离开。

所谓"却语"，就是侦察对方的弱点。对方的话说多了，自然就会有失言的地方，抓住这些有漏洞的言辞，并将其与事实相验证。用对手最忌讳的问题去触动他，把当时的禁令向他明示。对方必会由此心生恐惧，这时再与他结交，使他安心，然后表示自己会把双方的谈话掩盖起来，替他保密，再让他离开。一定不要把自己的弱点暴露给见识广博的人。

所谓"摄心"，就是说遇到好学技艺的人，就帮助其传播声名。一旦他们的才能得到证明，就对其表示惊叹，这样对方的心就会被笼络住。又使他们的技艺在众人面前呈献出来，再利用古人成功的事验证他们的表现，将其有理有据地向众人展示，对方会更加心悦诚服地归顺你。如果遇到沉湎于酒色的人，要对其使用摄心之术。要用好听的音乐打动他们，用酒色会使人短命的道理来警醒他们，使他们萌生自己时日无多的忧患意识，再用他们所不曾见过的美好景象来使他们心情愉悦，并让他们看到人生的广阔境界，最后他们一定会有所领悟。

所谓"守义"，是说要坚守做人的道义，探求人内心的道义并且迎合对方。如果能探得真心，就可以掌握他人的真正想法，从外部控制他人的内心，使对方有求于你而不得不顺从于你。小人为了利益与他人相交，采用的往往是旁门左道，常常会导致败家亡国。若不是圣人和智者，就不会用道义来守家卫国。圣人之所以珍视道的微妙，是因为唯有道义可以使国家转危为安，救亡图存。

「若水古社」
高高国际国学品牌